PROF. FABIANO GUEDES VIEIRA

Batalha contra a OBESIDADE

Perca peso
comendo o que quiser com as

TREZE REGRAS DE OURO DO EMAGRECIMENTO

- Por que as dietas não funcionam?
- Por que sentimos fome e por que é tão difícil emagrecer?
- Por que o mundo está ficando cada vez mais gordo?
- Até que ponto a hereditariedade influencia no ganho de peso?
- Quais os fatores envolvidos no ganho de gordura corporal?
- Fórmulas mágicas para emagrecer... funcionam?
- Saiba como qualquer pessoa pode emagrecer com saúde!

1ª ed. | 2012

© Copyright 2012
Ícone Editora Ltda.

Projeto gráfico, capa e diagramação
Richard Veiga

Revisão
Juliana Biggi
Cláudio J. A. Rodrigues

Proibida a reprodução total ou parcial desta obra, de qualquer forma ou meio eletrônico, mecânico, inclusive por meio de processos xerográficos, sem permissão expressa do editor (Lei nº 9.610/98).

Todos os direitos reservados à:
ÍCONE EDITORA LTDA.
Rua Anhanguera, 56 – Barra Funda
CEP 01135-000 – São Paulo – SP
Tel./Fax.: (11) 3392-7771
www.iconeeditora.com.br
iconevendas@iconeeditora.com.br

SUMÁRIO

O autor, **9**

Apresentação, **11**

Introdução, **13**

Genética & obesidade: a herança adiposa, **15**
    Os primeiros *Homo sapiens* – evolução, **15**
    Células de gordura, **20**

"Não consigo emagrecer" – o papel da genética, **23**

Túnel do tempo: a história da alimentação do homem, **33**
    Povos mesopotâmicos, **37**
    A Roma Antiga, **38**
    Idade Média, **40**
    Clero – obesos na era da fome, **44**
    Era atual, **45**

Estou acima do peso. A que doenças estou exposto?, **47**
    Doenças mais comuns, **48**

Restrição calórica & prolongamento da vida, **51**

A obesidade está por toda parte – o exemplo das favelas, **55**

Por que sentimos fome?, **59**

Como o organismo mantém nosso peso e gordura corporal, **65**
    Biótipos, **68**
    Formato de maçã (androide), **69**
    Formato de pera (ginecoide), **70**
    Falsos magros, **72**

Ingestão calórica e emagrecimento – uma simples questão matemática, **75**

Atividade física ou dieta, o que é mais importante?, **79**
    Atividade física serve para emagrecer?, **79**
    O papel da dieta, **81**

Qual a melhor atividade física para emagrecer, **83**

Bem-vindo ao quinto sabor – glutamato monossódico, o pó do apetite, **89**

Apetite específico, nossa "bússola" alimentar, **93**

Qual a frequência ideal das refeições?, **95**

Comportamento aprendido – a obesidade começa na infância e dentro de casa, **101**

Anticoncepcionais, glândula tireoide e outros bodes expiatórios, **107**

A obesidade como consequência de doenças: síndromes genéticas, metabólicas e endócrinas que influenciam a composição corporal, **113**

Hipertireoidismo e emagrecimento, **119**

A cirurgia antiobesidade, 121
    Uma vez feita essa cirurgia, qual o risco de a pessoa engordar novamente?, 124
    Casos que deram certo – realmente um final feliz?, 128

Efeito sanfona — porque as dietas só funcionam a curto prazo, 131

Casos reais – os diferentes caminhos rumo à obesidade ou ao emagrecimento, 135
    Caso nº 1: "João Gordinho", 136
    Caso nº 2: "Tânia Tonelada", 137
    Caso nº 3: "Maria Gorda", 138
    Caso nº 4: "Beto Barriga", 139

Por que é tão difícil emagrecer?, 143

A assustadora realidade das calorias, 145

Fórmulas mágicas: géis redutores, aparelhos de ginástica passiva e alimentos emagrecedores, 149
    Efeitos colaterais dos medicamentos para emagrecer, 151
    Produtos naturais para a perda de peso, 154

Alimentos que engordam – realidade ou ficção?, 161

Apelação consumista: as armadilhas da indústria alimentar e do *fast-food*, 167

Desbancando as dietas, 175
    Dieta das proteínas ou dieta cetogênica, 175
    Dieta das frutas, 177
    Dieta do abacate, 177
    Dieta do super café da manhã, 178
    A dieta de *south beach*, 178
    Chiclete(!?!), 179
    Dieta com a ração humana, 179

O *modus operandi* do glutão enrustido, 181

As treze regras de ouro do emagrecimento, 185
    Regra nº 1: Sinta fome, 185
    Regra nº 2: Coma apenas para saciar a fome – não vá mais além, 186
    Regra nº 3: Coma devagar, 187
    Regra nº 4: Evite ingerir líquidos durante as refeições, 188
    Regra nº 5: Facilite o acesso ao alimento, mas dificulte o acesso à fartura, 188
    Regra nº 6: Monitore seu peso corporal frequentemente, 190
    Regra nº 7: Reeduque seu paladar, 191
    Regra nº 8: Cuidado na escolha dos alimentos quando for às compras, 192
    Regra nº 9: Se tiver apenas um disparo, atire no inimigo mais forte: mire no açúcar e não na gordura, 193
    Regra nº 10: Não odeie nem tampouco idolatre as guloseimas! Comida é só comida, trate-a como tal!, 194
    Regra nº 11: Nunca fique tempo demais sem comer o que gosta, pois quando o fizer poderá se empanturrar!, 195
    Regra nº 12: Se a correnteza estiver forte demais, não nade contra ela ou irá se afogar, 196
    Regra nº 13: Esta é a regra mais importante, porque resume todas as outras: esteja disposto a abrir mão!, 197

Conclusões finais, 199

O AUTOR

O professor Fabiano Guedes Vieira nasceu em 30 de abril de 1975, na cidade de Poços de Caldas, Minas Gerais. Filho de Márcio Lima Vieira e Lúcia Helena Guedes Vieira, graduou-se em Educação Física pela ESEFM em 1996. Com vários cursos nas áreas de atividade física e nutrição, é também especialista em atividades motoras e especialista em nutrição clínica.

Contando com mais de 15 anos de experiência profissional, é um estudioso da obesidade e dos fatores que influenciam a composição corporal e a saúde do ser humano.

Neste seu segundo livro, o autor procura compartilhar um pouco de sua experiência como *personal trainer* e avaliador físico, bem como suas pesquisas sobre obesidade e sobrepeso.

APRESENTAÇÃO

Ao contrário dos demais livros que abordam esse tema, essa obra não se trata de dietas. Se dietas fossem a solução, não existiriam obesos. O problema da obesidade vai muito além, pois envolve não apenas questões físicas (genéticas, endócrinas e dietéticas), mas também psicológicas e ainda uma boa dose de comportamento aprendido, que passa pelo aspecto sociocultural e ambiental. É justamente essa pluralidade de fatores e suas interações que tentamos mostrar ao longo desse livro.

Veremos, durante a leitura, como desde os primórdios do aparecimento da nossa espécie na face da Terra o ser humano vem desenvolvendo todo um aparato biológico para armazenar gordura, garantindo a sobrevivência da nossa espécie no planeta. Abordamos ainda como o avanço da produção de alimentos alterou nossa maneira de lidar com a comida, de forma a nos tornar obesos, e, com isso, doentes.

Boa leitura!

INTRODUÇÃO

Atualmente a obesidade é uma epidemia em vários países, e a tendência é que ela aumente em escala mundial. Podemos esperar esse fenômeno em quase todo o globo, com exceção das áreas de conflito, como alguns países africanos ou regiões assoladas por catástrofes naturais e extrema pobreza. A obesidade traz consigo uma enorme lista de doenças – algumas delas são mortais e só recentemente foram relacionadas ao excesso de peso e gordura no corpo humano. Não estamos aqui tratando de sensacionalismo nem tampouco exagerando, pois o que os fatos nos mostram é realmente alarmante. Quem duvida pode conferir em fotos antigas que a grande maioria das pessoas ganha peso ao longo dos anos – se você ficou muito tempo sem ver aquele seu amigo da adolescência, poderá se surpreender ao não reconhecê-lo atualmente devido aos quilos extras que deformam a sua fisionomia atualmente.

O problema é que hoje em dia as pessoas vem ganhando peso de forma assustadoramente rápida, causando uma triste mudança estrutural e bioquímica na espécie humana. Se tudo continuar assim, por fim veremos a imagem do sujeito magro e sem barriga como uma "bênção genética", ou apenas uma figura perdida no meio da multidão, destoando de todas as outras pessoas.

O conceito de epidemia refere-se a uma grande incidência de uma determinada doença num espaço de tempo reduzido, ou segundo o dicionário Soares Amora, em sua 19ª edição (2009), epidemia é "doença que ataca ao mesmo tempo e no mesmo lugar, grande número de pessoas".

E este é exatamente o quadro que vemos em vários países, inclusive no Brasil, onde, apesar de alguns dados conflitantes, o IBGE estima em 40% a população acima do peso ideal. Dados recentes dão conta de que entre 9,6% e 15% da população já estão na faixa da obesidade. O maior referencial de obesidade populacional que temos atualmente são os Estados Unidos da América, onde cerca de 30% dos seus cidadãos são obesos, o que significa quase um em cada quatro norte-americanos!

De fato, nunca antes na história da humanidade a população do globo esteve frente a esse problema de forma tão evidente e perigosa. A obesidade atinge todos os sexos, classes sociais e faixas etárias, já sendo preocupante a incidência sobre a população infantil. A União Europeia já conta com 14 milhões de crianças com excesso de peso. Caso essa marcha crescente da obesidade não seja detida a tempo, o impacto causado será tremendo, de modo que a humanidade terá de repensar todo o seu estilo de vida. Se nada for feito, ocorrerão colapsos nos sistemas de saúde. Vestuários deverão ser cada vez mais adaptados, assim como espaços nos assentos de transportes públicos, cadeiras de cinemas e afins. Alimentos terão de ser modificados de forma a oferecerem menos calorias aos nossos corpos. A criação de novos medicamentos e novos sistemas de fisioterapia e ortopedia serão desafiados cada vez mais com o passar dos anos.

Um fato curioso é que nenhum país do mundo desenvolveu ainda uma estratégia eficaz que possa retardar o avanço implacável da obesidade sobre a população! Estudos são realizados às dezenas, estatísticas são feitas e refeitas, mas tudo o que temos são projeções catastróficas para o futuro e campanhas governamentais inócuas. Mas afinal, o que está causando essa epidemia, e por que justo agora? O que podemos fazer para nos colocar à margem dessas perigosas estatísticas? É o que veremos ao longo desse livro.

GENÉTICA & OBESIDADE: A HERANÇA ADIPOSA

Para entendermos melhor todo o processo que envolve o acúmulo da energia excedente dos alimentos em gordura corporal, devemos recuar no tempo e analisar a história da humanidade alguns milênios atrás, desde a época do aparecimento dos primeiros *homo sapiens* sobre o globo terrestre.

OS PRIMEIROS *HOMO SAPIENS* – EVOLUÇÃO

A teoria da evolução e seleção natural nos ajudará a entender melhor a capacidade da espécie humana em armazenar gordura corporal em grande quantidade. De acordo com o célebre cientista e naturalista inglês Charles Darwin, indivíduos de qualquer espécie, quando portadores de determinadas características físicas, podem levar vantagem sobre indivíduos da mesma espécie que não possuam essas características, aumentando assim suas probabilidades de sobrevivência.

Consequentemente, suas probabilidades de reproduzir-se e transmitir aos seus descendentes essas características diferenciadas também aumentam.

Assim, um chifre mais forte, um pescoço mais comprido ou cores diferenciadas podem se tornar vantagens ou desvantagens em determinado ambiente, de acordo com a necessidade do momento.

Essa seleção dos indivíduos mais aptos é feita pelo meio ambiente em que eles vivem, e por serem transmitidas de geração a geração, algumas vezes esse é um processo bem lento, tornando toda uma espécie completamente alterada (diferenciada do tipo original) ao longo de centenas e algumas vezes até milhares de anos. Entretanto, algumas vezes a seleção natural pode ocorrer de forma bastante rápida também, transformando a população de uma espécie ao cabo de apenas alguns poucos anos, quando o meio ambiente em que vivem é alterado de forma brusca.

Um exemplo muito interessante dessa seleção natural ocorreu durante a Revolução Industrial (meados do século XVIII) na Inglaterra, que foi atipicamente rápida: O "melanismo industrial".

Em uma certa espécie de mariposa existente naquela época nas florestas inglesas, predominava a cor branca; durante o dia elas ficavam pousadas nos troncos claros das árvores, camuflando-se dos pássaros que se alimentavam delas. Por esse motivo, raras eram as mariposas de cor negra; por estas ficarem muito mais expostas nos troncos claros das árvores, eram mais facilmente devoradas pelos predadores.

Após o advento da Revolução Industrial, devido à poluição das fábricas, os troncos das árvores de algumas florestas inglesas ficaram recobertos por fuligem, tornando a camuflagem das mariposas brancas inútil, uma vez que agora essa cor denunciava a sua presença aos pássaros famintos. Com essa alteração ambiental, elas foram sendo comidas pelos pássaros de tal forma que se tornaram raras em pouco tempo: o *habitat* tornou-se favorável aos indivíduos de cor negra, que agora, por possuírem a melhor camuflagem, compunham 99% por cento da população de mariposas daquela região.

Assim, a seleção natural naquela região alterou o aspecto de uma população inteira quanto à cor, num espaço de tempo muito curto. Mas o que essa história toda de mariposas inglesas tem a ver com a obesidade na espécie humana? Já estamos chegando lá...

Esse caso ilustra como o ambiente seleciona os indivíduos mais aptos, que, com maiores chances de sobrevivência, se reproduzem em maior escala e transmitem suas características genéticas aos seus descendentes.

A espécie *homo sapiens*, nome científico do homem moderno, segundo achados arqueológicos mais recentes, tem sua data de aparecimento na Terra datada entre 150 e 195 mil anos atrás. Dessa época até muito recentemente, a fome era um fato cotidiano, e isso só viria a ser atenuado com o início da chamada idade agrícola, (cerca de 12 mil anos atrás), em que a oferta de alimentos progressivamente foi ficando maior. Antes do advento da agricultura, deve ter havido uma seleção natural que privilegiou indivíduos que tivessem grande capacidade de armazenar gordura em seus corpos.

Possuir maior quantidade de células de gordura corporal possibilitava aos primeiros seres humanos um maior armazenamento de energia, e consequentemente maiores chances de sobrevivência em caso de privação alimentar, o que certamente era muito mais frequente do que hoje.

O homem primitivo vivia em condições extremas, como glaciações, secas, alagamentos, doenças, convívio com feras predadoras e batalhas com outros grupamentos humanos. Com todas essas adversidades, só sobreviveu e foi capaz de se reproduzir, transmitindo seus genes adiante, aqueles indivíduos portadores de determinadas características. Essas características deviam lhe oferecer vantagens de sobrevivência, em relação àqueles indivíduos que não as possuíam.

Naqueles tempos recuados, em que o alimento era escasso e adquirido com muito esforço, deveria ser natural o jejum prolongado, uma vez que o homem não tinha desenvolvido a agricultura, a domesticação de animais visando ao abate, e tampouco técnicas de armazenamento de alimentos. O que não podia ser comido no momento da coleta ou do abate era quase inteiramente perdido, e o homem primitivo não tinha a menor ideia de quando seria sua próxima refeição.

Poderia ser horas depois, poderia ser no dia seguinte, ou até mesmo levar semanas, o que provavelmente acarretava em morte, pois qualquer ser vivo subalimentado era facilmente vitimado por predadores, doenças e rigores climáticos, caso não morresse de inanição.

Dessa lógica, supõe-se que os seres humanos com genética favorável ao armazenamento de gordura corporal, e também de uma utilização mais eficiente dos nutrientes, tenham tido muito mais condições de adaptação às privações dessas épocas iniciais do domínio do homem sobre a Terra. Portanto, devem ter sido esses os indivíduos que sobreviveram e transmitiram para seus descendentes, que em última análise somos nós, os seres humanos da era moderna, a genética com capacidade muitíssimo elevada de estocagem de gordura corporal e melhoria no aproveitamento energético dos nutrientes.

Há de se notar também nossa predileção por alimentos de alto conteúdo calórico, como frutas doces, carnes e alimentos gordurosos. Esses alimentos, sendo mais densos que os que possuem grande quantidade de água em sua composição (como maçã, chuchu e alface, por exemplo), nos fornecem mais energia. Por uma simples questão de sobrevivência, alimentos densos (calóricos) eram os que mais excitavam o paladar do homem primitivo, e eram os mais procurados e valorizados.

Os grupamentos humanos exclusivamente vegetarianos, se é que existiram de fato, tiveram muito menos chances de sobrevivência, já que necessariamente teriam de se alimentar com muito mais frequência e em maior quantidade, em razão da menor densidade energética de sua alimentação.

Podemos concluir com bastante precisão que somos geneticamente aptos a acumular gordura corporal, e atraídos para alimentos de conteúdo calórico elevado, fatores esses que garantiram no passado a sobrevivência da nossa espécie. É por isso que o McDonald's e similares vendem muito mais hambúrgueres e refrigerantes do que saladinhas e água de coco.

Como tudo na vida, uma coisa pode ser boa ou ruim dependendo do ponto de vista e dos objetivos a que ela se propõe. Essa herança adiposa que recebemos da mãe natureza era um fator de sobrevivência no passado distante, mas que, nos tempos atuais, com toda a oferta de comida disponível, se tornou desnecessária e, para alguns, até mesmo uma maldição. O homem moderno está conhecendo o outro lado da moeda. O que nos tornava mais aptos a sobreviver a longos períodos sem alimento agora contribui para nos tornar doentes, esteticamente deformados e com expectativa de vida reduzida.

Cabe nesse ponto uma questão a ser analisada: se o homem moderno é produto de seleção natural, por que esse surto de obesidade se manifestou somente nas últimas décadas do século XX, e porque continua aumentando de forma descontrolada? Por que estamos cada vez mais gordos?

A palavra-chave para entender o que está acontecendo é "oportunidade". Nunca antes na história da humanidade o ser humano teve oportunidade de comer tanto quanto nos tempos modernos. Da segunda metade do século XX em diante, a disponibilidade de alimentos segue uma progressão cada vez maior. Toda a história do mundo, antes desse período, foi permeada por períodos alternados de fome, já que a produção de alimentos sempre foi um ponto crítico para a sobrevivência do homem.

Acontece que a quantidade e manutenção da gordura corporal de um indivíduo não é determinada somente por fatores genéticos, mas também e sobretudo pelo estilo de vida, que é o produto final da ingestão calórica pela atividade física.

No que compete puramente ao fator genético, cada organismo tem um determinada quantidade de adipócitos (células especializadas em armazenar gordura), que uma vez acionados pelos estímulos externos (superalimentação) e pela pouca demanda energética (sedentarismo) se inflam de gordura e podem causar a obesidade.

Quanto a esse quesito, é interessante observar que a lipoaspiração diminui a quantidade de células de gordura do corpo, reduzindo também a probabilidade de a pessoa acumular gordura na região lipoaspirada. Entretanto, esse não é um procedimento definitivo, nem quanto ao emagrecimento, nem no que concerne aos fatores de risco para doenças relacionadas ao sobrepeso, como veremos mais adiante.

CÉLULAS DE GORDURA

As células de gordura são chamadas de adipócitos, o local onde a gordura fica estocada nosso corpo. Essas células estão distribuídas no corpo humano de forma variada, predominando na cavidade abdominal e em locais como quadris e coxas, mas podem variar bastante de acordo com cada pessoa.

Elas são capazes de inflar até 10 vezes o seu tamanho; quando esse limite é ultrapassado, uma nova célula de gordura é criada, igualmente com capacidade de se expandir em 10 vezes, e assim por diante, dependendo do estímulo de superalimentação que é dado. Para algumas pessoas, essa capacidade parece não ter limite: são justamente essas as que devem ficar mais atentas ao seu padrão de comportamento alimentar e ao seu estilo de vida.

Em épocas recentes se acreditava que a quantidade de adipócitos era fixada imutavelmente em alguma fase da infância e adolescência, e, após esses eventos, elas aumentariam apenas em volume, mas não em quantidade. Entretanto, hoje temos evidências que mostram que o indivíduo adulto também pode gerar mais células de gordura, quando, mediante o excesso de alimentação, os adipócitos existentes atingem seu limite de expansibilidade. Nesse momento, essas células não se dividem como nas crianças, mas enviam um sinal para que células imaturas se dividam e produzam outras células de gordura. Para se ter uma ideia, uma pessoa dentro do seu peso normal tem em média 25 bilhões de adipócitos, enquanto uma pessoa muito obesa pode chegar a 80 bilhões.

Dessa forma, para a grande maioria das pessoas, a capacidade de ganhar peso em gordura é quase sempre muito grande, o que se torna potencialmente perigoso quando começamos a engordar descontroladamente e de forma rápida.

Também até pouco tempo atrás (meados da década de 1990), a massa de gordura corporal era vista como um tecido inerte e sem muita atividade metabólica, servindo apenas de compartimento de estocagem de energia. Agora se sabe que toda essa massa gordurosa é na verdade uma usina produtora de várias substâncias químicas, diretamente envolvidas com o nosso metabolismo.

O nosso tecido adiposo contém um tipo de célula conhecida por macrófago. São células do sistema autoimune que liberam algumas substâncias que causam inflamação. Dentre essas substâncias estão hormônios que alteram a receptividade à insulina, impedindo a entrada adequada de glicose nas células. A adiponectina é uma substância secretada pelas células de gordura que melhora a captação de glicose por aumentar a sensibilidade à insulina; à medida que uma pessoa ganha peso, ela passa a fabricar menos adiponectina. Cerca de metade das pessoas obesas apresentam resistência à insulina.

Essa situação causa propensão ao diabetes e também a doenças cardíacas, já que juntamente com o ganho de peso em gordura, ocorrem alterações na pressão arterial e taxas de açúcar e gorduras no sangue.

Sabendo que a proliferação das células de gordura corporal tende ao infinito, e que elas secretam substâncias reguladoras do metabolismo, imaginem a enormidade de efeitos nocivos a que um obeso está exposto! Todas essas substâncias químicas sendo secretadas na corrente sanguínea influenciam nas chamadas doenças da obesidade, dentre elas o diabetes, as cardiopatias e alguns tipos de câncer.

"NÃO CONSIGO EMAGRECER" — O PAPEL DA GENÉTICA

É muito comum o gordinho culpar o fator genético pela sua situação. "Meus pais eram obesos", "minha família é assim mesmo", e frases do tipo permeiam a vida do obeso como uma espécie de licença para estar acima do peso. Afinal, se a sociedade entende que a pessoa é gorda, e não está gorda, ela se sente menos mal com isso e transfere a culpa da sua situação para um problema genético, em vez de assumir que o problema é causado pela sua forma em lidar com o alimento.

Será mesmo verdade que a genética é a única responsável por tornar a pessoa obesa, e uma vez nessa condição, será verdade que a impeça tanto assim de emagrecer? E afinal, filhos de pais gordos estão condenados a serem gordos também? Questionamos essa presumida fatalidade e vamos explicar agora o porquê.

Filhos obesos cujos pais também o são podem culpar sim seus genitores. Mas culpar não pela genética que herdaram, e sim pelos hábitos de vida adquiridos. Porque são esses maus hábitos que os tornaram assim, hábitos que incluem uma total falta de educação alimentar, aliada a uma boa dose de sedentarismo. Nas casas dos gordinhos o que se vê é um festival de alimentos nutricionalmente inúteis: geladeira repleta de congelados para fritar, refrigerantes e despensa composta por toda a sorte de guloseimas. Podemos encontrar espalhados pela casa potes com bombons, chocolates e balas, e tudo isso é consumido sem nenhum critério.

Também é fácil encontrar enormes provisões de pães, macarrão, arroz, feijão e carnes, que são devorados em velocidade astronômica. Quem nunca se surpreendeu nessas casas, ao testemunhar o quão rápido um ser humano pode devorar uma enorme refeição?

Percebam que o problema não é tanto a qualidade dos alimentos, nas residências de pessoas magras também iremos encontrar eventualmente alguma sorte de guloseimas. O problema é a quantidade consumida: o que normalmente abastece uma família saudável em uma semana, os glutões devoram avidamente em dois ou três dias. Some-se a isso a aversão por qualquer atividade física, e o estrago estará feito.

Nessas condições, o mínimo que se pode esperar é engordar bastante: culpar qualquer outra coisa além da extrema gulodice não faz sentido. Caso um garoto obeso passe a morar algumas semanas num lar saudável, vivendo sob o seu regime de vida, automaticamente seu peso corporal irá abaixar. O mesmo acontecerá com um garoto magro vivendo sob as leis da gulodice e do sedentarismo: irá ganhar peso e, se continuar nesse estilo de vida, acabará por se tornar obeso. Realmente, ao que parece, culpar a genética definitivamente não faz mais sentido...

Vejamos o exemplo adiante para tirarmos conclusões mais precisas e racionais sobre até onde o estilo de vida pode influenciar sua aparência corporal. Contra fatos não existem argumentos, portanto, um exemplo que costumo dar é o dos campos de concentração criados pela Alemanha nazista durante a Segunda Guerra Mundial, o maior SPA que já existiu. Todos nós já tivemos a oportunidade de testemunhar, em fotografias e filmes, a aparência das pessoas que eram confinadas em tais prisões. Já repararam que entre elas não havia um único gordinho?

Obviamente as pessoas chegavam lá em condições físicas muito adversas umas das outras, e entre eles certamente havia aqueles que estavam acima do peso, em variados graus. Inclusive, deveriam existir aqueles gordinhos que tanto reclamam por não conseguirem emagrecer. Entretanto, submetidos a uma dieta extremamente restritiva de aproximadamente 300 calorias diárias (o equivalente a duas barrinhas de cereal!) e a trabalhos forçados, simplesmente qualquer expressão genética que eventualmente favoreça a obesidade era anulada sistematicamente em qualquer pessoa que passou por tais rigores.

Acreditamos que numa amostragem como a que foi vista nos campos de concentração, praticamente todo, senão quase todo tipo de biótipo humano em relação ao acúmulo de gordura corporal tenha sido abarcado. Lembramos aqui que não contamos com um exemplo de dez ou cem indivíduos, mas centenas de milhares, oriundos de vários países e etnias.

A Gestapo, polícia política da Alemanha Nazista, que perseguia grupos diversos como judeus, comunistas, socialistas, homossexuais, ciganos e prostitutas, entre outros, manteve 25.000 prisioneiros apenas em 1939. No desenrolar da guerra, os campos de concentração foram aumentando em número e em quantidade de prisioneiros, abrigando centenas de milhares de pessoas, vindas dos países europeus invadidos pela Alemanha nazista e seus aliados. Apenas no campo de Dachau, estima-se que 200.000 pessoas de 34 diferentes nacionalidades tenham sido "hospedadas".

Dados aproximados dão conta de algumas das deportações para os campos de concentração: 426.000 húngaros, 300.000 poloneses, 69.000 franceses, 60.000 holandeses, 55.000 gregos, 27.000 eslovacos, 25.000 belgas, 7.500 italianos, além de outros grupos menores.

Por que será que após algumas semanas não havia um só gordinho dentre essa amostragem, sendo um grupo tão diverso geneticamente? A resposta é: Porque foram obrigados a parar de comer, ao mesmo tempo em que tinham aumentado seu gasto energético mediante longas horas diárias de trabalhos forçados, alguns deles muito intensos. Nessa situação não houve uma só pessoa que permaneceu com excesso de gordura corporal e ficou reclamando da sua condição genética desfavorável, herdada de pais e avós obesos.

Claro que esse foi um exemplo extremo, mas que serve perfeitamente para ilustrar que, embora possa ser mais difícil para certas pessoas atingirem e manterem taxas de gordura corporal ao menos razoáveis, isso é perfeitamente possível. Ninguém está absolutamente fadado a ser obeso! Não obstante cada pessoa carregar consigo um código genético diferente, e algumas possuírem uma certa tendência a acumular gordura com mais facilidade do que outras, qualquer um pode emagrecer e estar dentro do peso ideal, ou, pelo menos, muito mais próximo dele.

A realização de atividade física intensa aliada à alimentação restrita pode impedir a manifestação de uma predisposição genética ao acúmulo de gordura corporal!

Vamos analisar um outro exemplo de amostragem populacional: Quando assistimos reprises de algum programa de televisão, alguma matéria ou reportagem em que foi filmada a população andando pelas ruas em décadas passadas, não é difícil notar que existiam menos pessoas acima do peso. Isso também pode ser constatado em filmes mais antigos. Quanto mais antiga a filmagem, menos pessoas gordas são vistas, e em algumas tomadas externas fica muito difícil encontrar algum gordinho, mesmo entre as pessoas que aparecem nas ruas!

Em todos os países e em todos os povos a condição normal da humanidade era o perfil magro e esguio. O ser humano obeso era raro e sem dúvida destoava muito de todo o conjunto.

Quem duvidar que faça o teste, recorrendo a imagens das décadas de 1990, 1980, 1970, 1960, e assim por diante. O contraste com os dias de hoje é inegável. O que terá acontecido? Já que as pessoas geralmente culpam seu código genético pela gordura corporal acumulada, será que ele mudou tão rapidamente assim em poucas décadas, a ponto de transformar a humanidade? Por que há apenas 20 ou 30 anos havia muito menos pessoas acima do peso, sendo a absoluta maioria magra? As novas gerações sofreram alguma espécie de mutação? Mas o que dizer de quem já estava vivo há 50, 60 anos, e só atualmente passou a engordar de forma significativa?

É claro que de tudo o que já foi dito até então, não podemos desconsiderar o peso da genética na composição corporal. Ela tem muita influência no formato do corpo humano, mas essa influência age dentro de limites muito mais estreitos do que se pensa. Como fazemos parte do reino animal, podemos fazer uma analogia com algumas espécies de mamíferos: se dermos a um cavalo a mesma alimentação que damos a um porco, ambos irão manter a diferença de composição corporal entre si.

O cavalo é de qualquer forma mais musculoso que o porco, e o porco é sempre mais gordo que o cavalo, independentemente do que comam e do quanto comam. Isso se deve ao seu código genético, que modula o quanto de gordura e o quanto de proteína (músculos) serão sintetizados. O cavalo não vai ser menos musculoso por comer ração de porco e o porco não vai deixar de ser gordo por comer a ração do cavalo, desde que a quantidade de energia consumida seja a mesma. Mas ambos irão ganhar algum peso em gordura com o excesso de calorias, nos locais do corpo onde existir condições para tanto. É essa a força da expressão genética, e sua participação termina aí.

O cavalo que se alimenta de capim não necessita da proteína da carne para formar e manter a sua musculatura, porque o seu código genético já faz isso por ele. No ser humano, a grande maioria das pessoas precisa de quantidades razoáveis de proteína animal para formar e manter uma massa muscular mais pronunciada, além do estímulo do exercício. E, analisando por outro ângulo, as pessoas que tem a chamada "tendência a engordar" são as que têm uma maior percentagem de células de gordura no corpo, sem necessariamente terem de ser enormes. Da mesma forma, indivíduos que são naturalmente mais musculosos do que a média da população o são sem a necessidade de exercícios. Genética!

Um outro exemplo de como a expressão genética pode moldar o formato e a composição de um organismo é a raça bovina denominada Belgian Blue. São animais que chegam a pesar até uma tonelada de pura massa muscular, sendo esta a sua condição natural, não demandando alimentação especial e muito menos drogas e exercícios físicos para tanto. Isso porque seu DNA contém informações para sintetizar muita proteína (que forma os músculos) e sintetizar e acumular muito pouca gordura.

Essa raça pode apresentar indivíduos um pouco mais gordos, que destoam dos demais, mas novamente vem a questão da ingestão de calorias: só vai ficar mais pesado o animal que comer em excesso. Como sua genética não é favorável ao acúmulo de gordura, seu peso aumentará muito mais devido ao ganho de músculos do que de gordura.

Entre os cães, temos o exemplo da raça Galgo, que é extremamente magro; a raça é propensa a esse tipo de composição corporal, sintetizando e acumulando pouca gordura corporal. Se fosse um ser humano, poderia ser enquadrado como um tipo ectomorfo puro.

Na nossa espécie parece existir um subtipo de genética assim, que pode comer um pouco mais do que a média, sem acumular quantidades significativas de gordura. Mas, para a grande maioria da população, o excesso de calorias é depositado no corpo sob a forma de gordura. Certas pessoas são naturalmente mais musculosas e outras mais gordas. Mas, em termos de silhueta (tamanho), a diferença não deveria ser tão grande assim: Seria como se duas pessoas pesassem 80 quilos, uma com 15% de gordura corporal e outra com 30%. É disso que a genética trata. Nada de culpar seus ancestrais por você pesar 140 quilos.

Seja dos pais ou dos avós, sempre herdamos o formato do corpo! Quanto ao tamanho deste, a escolha é nossa!

Outra responsabilidade do fator genético é a má distribuição dos adipócitos. Existem pessoas que engordam de forma uniforme, isto é, qualquer peso que ganham é distribuído por quase todo o corpo. Outras engordam apenas em pontos localizados, como na barriga, que é o exemplo mais comum no caso dos homens. Na mulher, o exemplo mais comum de desproporção é o acúmulo de gordura na região das nádegas e quadris. Algumas mulheres apresentam o abdome reto e, em contrapartida, um extremo acúmulo de gordura na região dos quadris. Quanto mais engordam, mais evidente fica a desproporção.

Entretanto, esses casos de péssima distribuição de adipócitos não justificam casos de obesidade e muito menos obesidade mórbida. Embora essas pessoas possam nunca vir a ter um corpo harmonioso, controle alimentar e atividade física regular previnem o excesso de peso em qualquer pessoa sem exceção, evitando silhuetas bizarras.

Outra coisa que se sabe sobre a influência genética na obesidade não tem nada a ver com o fator sempre mais lembrado, que é a velocidade do metabolismo. Alguns genes parecem afetar os centros cerebrais de controle do apetite e saciedade. Um gene "vilão" é o FTO. Um estudo realizado com 40 mil pessoas adultas que apresentam duas cópias desse gene revelou que 16% delas pesam até três quilos a mais do que outras pessoas. Isso nos mostra que, apesar de contribuir, esse gene exerce um efeito muito brando na composição corporal dos seus portadores.

Existe ainda uma condição denominada de "deficiência congênita de leptina", que interfere na saciedade e leva os seus portadores a comerem mais do que o necessário. Mas essa é uma condição genética extremamente rara, especula-se que existam poucas dezenas de pessoas com essa disfunção genética no mundo todo!

Após essas reflexões, está provado que o problema não é interno, e sim externo. O que mudou não foi a genética das pessoas, mas o seu estilo de vida. A intelectualização do trabalho e os confortos tecnológicos estão nos tornando cada vez mais sedentários. E com o barateamento, oferta e variedade de alimentos disponíveis, o consumo calórico diário por pessoa vem aumentando de forma assustadora. São esses os fatores responsáveis pelo surto de obesidade observado em quase todo o globo. As pessoas não estão se dando conta de que seus hábitos de vida as estão tornando gordas e com a saúde fragilizada.

Um dos responsáveis pelo sedentarismo da população é o avanço tecnológico. O grande problema da tecnologia é que ela nos trouxe conforto demais, acarretando com isso um gasto energético cada vez menor. As pessoas antigamente não tinham acesso à direção hidráulica, escadas rolantes, controles remotos, portas automáticas e interruptores com sensores de presença. Também andavam muito mais a pé e a própria natureza de vários tipos de trabalho demandava muito mais esforço. É por isso que não dependíamos tanto da academia quanto hoje para nos auxiliar na manutenção ou perda de peso.

Nossas crianças não ficavam aprisionadas em apartamentos, brincavam nas ruas correndo e jogando bola, e problemas como a obesidade infantil eram esporádicos. Não se tinham notícias de crianças hipertensas, pré-diabéticas e com outros distúrbios decorrentes do excesso de peso.

Quanto mais industrializada uma sociedade, maior é a tendência de obesidade entre seus habitantes. Os EUA são um ótimo exemplo – um país próspero em tecnologia, onde a oferta de alimentos é alta e o poder aquisitivo da população para adquiri-los é alto também. Quanto mais computadores *per capita*, maior o tempo que se passa sentado na frente deles, favorecendo o baixo gasto calórico diário da população.

O Japão, apesar de ser um país onde a população convive com altíssima tecnologia, vinha se mantendo com baixa taxa de obesidade devido aos hábitos alimentares muito saudáveis. Nem tanto pela qualidade da comida, mas principalmente pelas quantidades reduzidas dos alimentos em cada refeição. Com a chamada ocidentalização da dieta, entretanto, a obesidade vem aumentando entre os japoneses. Isso pode ser constatado principalmente nas redondezas dos bairros que oferecem *fast-food* nos moldes do Ocidente, coisa que o japonês típico desconhecia até bem pouco tempo atrás.

Pare de culpar seus pais e avós pela sua atual condição física, porque sua herança genética exerce influência limitada sobre o seu peso corporal. A responsabilidade é sua, assuma a culpa pelos seus fracassos e estará dando o primeiro passo para emagrecer!

TÚNEL DO TEMPO: A HISTÓRIA DA ALIMENTAÇÃO DO HOMEM

Como terá sido a transição que levou o ato da alimentação da necessidade para a idolatria? Como deve ter sido essa mudança de conceito, da necessidade para o prazer? A ciência consegue determinar a dieta do homem primitivo com certa precisão, mas não sabemos ainda a relação exata dele com o alimento. Tudo o que se sabe é que a aquisição de comida sempre representou o maior desafio para qualquer organismo vivo do nosso planeta, e com o homem não foi diferente.

Como coletor nômade, nosso ancestral se alimentava com o que encontrava em seu caminho: frutas, verduras, legumes e provavelmente até carniça, quando notou que carcaças de animais mortos algumas vezes poderiam servir de alimento. Nessas buscas, muitas vidas devem ter sido perdidas pelo efeito mortal de bactérias, toxinas e venenos naturais de certas plantas, até que o homem finalmente aprendesse através da experimentação o que poderia ser comido e o que deveria ser descartado, apesar da aparência muitas vezes inofensiva de alguns alimentos nocivos.

Inicialmente tudo deve ter sido consumido "in natura", o que o homem conseguia obter era imediatamente devorado: ele desconhecia qualquer método de estocagem e conservação, o uso dos temperos e os modos de preparo, e muito menos tinha noções de higiene básica.

Nesse preâmbulo, não é insensato pensar que o sabor da comida muitas vezes era irrelevante – era necessário se alimentar a qualquer custo, e na maioria das vezes esse custo era alto, já que demandava longas caminhadas, planejamento de caçadas, subidas em árvores, entre outros, e ao mesmo tempo tendo de evitar que ele próprio servisse de comida para os diversos predadores existentes. Nada que pudesse fornecer energia deveria ser desperdiçado; se o sabor fosse bom, ótimo. Se não fosse, ninguém poderia se dar ao luxo de escolher o que quer que fosse. A obtenção de alimento era tão difícil e penosa que certamente ele era visto muito mais como questão de sobrevivência e alívio, por saciar a fome, do que como fonte de prazer para o paladar.

Não é à toa que em alguns países, como a China, as pessoas se alimentam de toda a sorte de insetos. Povos que desde a sua antiguidade passaram por várias guerras, e acostumados com períodos de fome intensa devido ao clima hostil, ficaram com duas alternativas: morrer de fome ou comer tudo o que até então não era usual, mas que servia para mantê-los vivos. Foi assim, por exemplo, que o molho de soja foi inventado. O molho Shoyu é de origem chinesa, e foi descoberto a partir de grãos de soja que estavam mofados e fermentaram. Provavelmente alguma pessoa faminta o deve ter experimentado e descoberto que, apesar da aparência alterada, não era tóxico e servia de alimento.

Vejam o exemplo do pão. Esse alimento universalmente difundido é fabricado a partir de farinha misturada com fermento. Este último é na verdade uma levedura, um microorganismo fermentador. Outros alimentos também muito utilizados na culinária moderna, como a cerveja, o vinagre, os queijos, manteigas, iogurtes e coalhada, são produzidos devido à ação de fungos e bactérias. Assim deve ter sido com dezenas de outras coisas, que, graças à ação de microorganismos, têm sua estrutura química alterada, e por fim passaram a fazer parte do cardápio rotineiro de várias sociedades.

Voltando ao assunto principal, a partir do momento em que o homem primitivo aprendeu a construir armas e armadilhas, ele se tornou caçador e a carne foi incluída na sua dieta de forma regular. A carne em climas quentes apodrece com mais facilidade: por coincidência ou por meio de experimentos, descobriu-se algumas maneiras de conservá-la por mais tempo.

Os agentes pioneiros na condimentação, preparação e conservação de carnes e outros alimentos parecem ter sido dois, a desidratação e o sal. Sabe-se que todos os povos antigos utilizavam o sal já há oito mil anos, e que em determinadas épocas ele teve mais valor do que o ouro. Alguns estudiosos determinam que o uso do sal como tempero deve ter sido iniciado com os primeiros pescadores, que, após apanhar os peixes, os deixavam em pequenas poças d'água existentes dentre as rochas na praia. Mais tarde, voltavam para apanhá-los, mas, sob o sol forte, as poças d'água evaporavam e deixavam os peixes no sal puro. Então descobriram que, além de acentuar o sabor dos peixes, o sal também servia para preservá-los do apodrecimento.

Em determinado momento, o fogo foi usado para assar as carnes e torrar os grãos; assados, os alimentos alteravam seu sabor e aumentavam seu tempo de conservação. Posteriormente, as carnes também foram secas ao sol, assim como frutas e outros vegetais, quando se descobriu que a desidratação prolongava a vida útil dos alimentos. O homem também aprendeu que a fumaça do fogo igualmente preservava as carnes da putrefação por um determinado tempo, surgindo assim a técnica da defumação.

O uso do calor e do sal, além do aspecto da conservação, foi a primeira maneira de refinar o sabor da comida, associando mais prazer ao seu consumo. Alimentos aquecidos também liberam moléculas aromáticas, estimulando o apetite e a nossa percepção para o sabor (comidas frias tornam nossas papilas gustativas menos sensíveis). Esse parece ter sido o marco zero para o que podemos chamar de prazer alimentar, onde se come não por questões de sobrevivência, mas também pelo aspecto do prazer sensorial que a comida proporciona.

Mas, mesmo com essas pequenas descobertas, o tempo de vida útil dos alimentos permanecia limitado. Como não havia grandes estoques e quase nenhuma tecnologia, não houve meios para que técnicas mais apuradas de culinária pudessem ser desenvolvidas. O açúcar, na forma que conhecemos, só seria produzido dezenas de milênios mais tarde. O paladar doce era experimentado pela frutose das frutas e ocasionalmente pela coleta de mel, que era extremamente valorizado.

O segundo passo que parece ter possibilitado técnicas mais refinadas de preparação foi a agricultura e a criação de animais visando ao abate. Em determinado momento o homem observou que as sementes de uma planta davam origem a outra igual. Mas, ao cultivar a terra, ele deveria necessariamente se fixar nas redondezas, para esperar pela colheita e vigiá-la dos animais e outros homens.

O homem também percebe que os animais caçados não precisam ser abatidos imediatamente. Quando em abundância, eles eram mantidos vivos por mais tempo, facilitando a disponibilidade de carne, sendo abatidos apenas no momento da preparação para o consumo. Eles são estimulados a se reproduzirem em cativeiro, e surgem as primeiras criações.

A partir daí, sempre em função da comida, nosso ancestral deixa de ser nômade para se tornar sedentário. A maior oferta de comida possibilitou um pouco mais de tempo ocioso, já que antes ele era empregado quase totalmente em busca de alimento. Com mais tempo para pensar, devem ter surgido então algumas variações culinárias, envolvendo o preparo e a conservação.

Mas ainda que técnicas rudimentares de agricultura e criação fossem aperfeiçoadas de época em época, a fome sempre foi um inimigo constante. Pragas, secas, enchentes, frio intenso, incêndios e ataques de nações hostis sempre causaram perdas consideráveis às plantações e aos rebanhos. Dificuldades em armazenar e transportar carnes, grãos e frutos também deram sua contribuição ao flagelo da fome.

Assim, de era em era, a despeito das pequenas melhorias que eram criadas, a dificuldade era sempre a mesma: produzir alimentos o bastante para todas as pessoas, proteger as plantações e rebanhos de doenças, pragas e pilhagens, armazená-los de forma a não estragarem e manter esse armazém a salvo de ratos e insetos.

No que se refere aos povos muito antigos, o conhecimento de certos hábitos sociais se perderam no tempo. Principalmente quando o assunto se trata de hábitos alimentares, algumas civilizações não deixaram registros muito precisos. Entretanto, não é necessário um conhecimento muito preciso sobre isso, porque sabendo do que e como um certo povo se alimentava, podemos por analogia supor esses hábitos aos povos vizinhos que viveram em épocas próximas e dispunham dos mesmos tipos de vegetais e animais. Daqui por diante, iremos viajar rapidamente a determinados períodos da história gastronômica da humanidade, de forma a nos colocar a par de como lidavam com o alimento.

POVOS MESOPOTÂMICOS

Na região que hoje abrange o nordeste da África até as imediações do Oriente Médio (atual Iraque e vizinhanças), se situavam na antiguidade os povos mesopotâmicos. E, dentre eles, os mais conhecidos são os cimérios, os arcadianos, os amoritas, os assírios, os caldeus e os persas.

A Mesopotâmia é um dos berços da civilização, justamente um dos locais onde o homem, aproximadamente no sexto milênio antes da era cristã, deixou de ser um mero coletor e caçador para dar início à era agrícola. Os mesopotâmios inventaram o arado e iniciaram o cultivo de cereais. Com o passar dos séculos produziram grandes lavouras de cevada, trigo, abóbora, grão de bico, lentilha, romã, cebola, gergelim, uva, amora, figo e tâmara.

Muito pouco ou quase nada se sabia dos hábitos alimentares desses povos até bem pouco tempo, mas recentemente alguns tabletes de argila trouxeram alguma luz a essa questão. Sabemos através desses tabletes que no período de 1800 a 1700 a.C. existiam cozinheiros especializados na condimentação e no refinamento de alimentos. Já havia uma grande predileção pelas carnes, comumente preparadas utilizando molhos e o alho como tempero. A cerveja e o vinho já eram conhecidos desses povos, que também preparavam bolos, fabricavam queijos e frutas cristalizadas. Os doces folheados também parecem ter sido criados por eles, influenciando até hoje a culinária do Oriente Médio. Até mesmo a origem da pizza parece derivar dessas culturas, pois há relatos de pão sírio assado com cobertura de carnes aceboladas.

Alguns autores acreditam que a Mesopotâmia exerceu também uma forte influência sobre a culinária europeia, povos que a sua época só iriam surgir milênios mais tarde.

A ROMA ANTIGA

Vamos agora nos reportar à Roma antiga, já que vários autores deixaram escritos detalhando esse assunto. Essa época que agora descrevemos abrange um período aproximado que vai de 753 a.C a 509 a.C. Um dos mais antigos relatos culinários de que se tem notícia é o livro de receitas do cozinheiro Gavio Apício, a obra *De re coquinaria*.

Também a arte nos ofereceu dados importantes sobre esse assunto, registrados em mosaicos, pinturas e peças de cerâmica. Outra fonte de informações são restos de alimentos fossilizados, encontrados em sepulturas romanas e nos estômagos de múmias que foram encontradas muitos séculos mais tarde.

A vastidão do Império Romano havia colocado sua cultura em contato com inúmeros povos, dando-lhes a possibilidade de conhecer diferentes alimentos e diferentes formas de prepará-los. Houve uma grande influência culinária vinda dos povos gregos e asiáticos.

Como era de se esperar, os ricos tinham à disposição a melhor comida, e claro, em maior quantidade. A eles era reservado o privilégio de comer carne com grande frequência, sendo as mais comuns as de porco, carneiro, coelho, pato, galinha, ganso, e as exóticas (para a nossa atual sociedade), carnes de burro e pombo.

Essa classe mais privilegiada promovia por vezes fartos banquetes, onde os convidados se empanturravam ao extremo. Havia inclusive um cômodo chamado "vomitório", uma sala onde as pessoas poderiam vomitar à vontade, e posteriormente voltar à sala de refeições e continuar comendo.

O povo romano fazia aproximadamente três refeições diárias, sendo o desjejum composto por pães, queijos, ovos, leite, azeite e ocasionalmente vinho. Ao meio-dia as refeições eram basicamente compostas por queijos, carnes frias, frutas e uma bebida à base de vinho e mel (mulsum). A terceira refeição se iniciava às dezesseis horas, sendo a maior e mais farta do dia, podendo se prolongar por muitas horas. Era composta por entrada, com saladas, tira-gostos e bebidas, seguida pela refeição principal e terminando com a sobremesa, basicamente frutas e bolos.

Os condimentos eram conhecidos e largamente empregados nas preparações culinárias, a exemplo do orégano, da pimenta, do cominho e da salsa.

Como podemos ver, por ser um vasto e rico império, a Roma antiga possuía diversidade de alimentos e já valorizava os requintes culinários através de banquetes, condimentos e sobremesas.

IDADE MÉDIA

A Europa medieval (do século V ao século X – período datado de 476 a 1453 d.C., aproximadamente) era suprida em boa parte pelos cereais: aveia e trigo, muitas vezes em forma de mingau, e principalmente o pão. O pão foi e continua sendo um produto básico: estima-se que eram consumidos de um a um quilo e meio de pão por pessoa diariamente. Tanto na Europa como na Ásia, o pão era o alimento principal da maioria das famílias.

Nessa época o mingau de trigo era muito comum, assim como as sopas. Sobremesas existiam, mas eram restritas às classes mais abastadas: *donuts*, bolinhos fritos, pastéis doces, variedades de biscoitos e *waffles*, manjares, marzipã (doce feito com açúcar e amêndoas) e tortas de frutas.

Diferentemente de tudo o que vemos na nossa era, onde as pessoas consomem muito mais açúcar do que o considerado saudável, na Idade Média esse alimento era considerado uma especiaria fina e tinha um alto custo de produção e transporte, resultando num produto muito caro.

O consumo de carne era oriundo da criação de porcos, e uma pequena parte da caça de animais selvagens. Porcos requerem menos espaço e demandam menos cuidado do que a criação bovina, pois podem ser criados soltos e comem restos. Nesse contexto, ouriços e porcos-espinhos eram considerados porcos inferiores, e também faziam parte do cardápio. Cordeiros, vitelas e carneiros igualmente eram bem populares nas cozinhas.

Uma particularidade medieval era o consumo de todas as partes do animal abatido: focinho, orelhas, língua, rabo e vísceras. Até mesmo a bexiga, o estômago e os intestinos eram aproveitados como revestimento para linguiças (Essa necessidade de se aproveitar ao máximo tudo o que poderia ser comido nos indica o quanto a obtenção de comida era custosa; a possibilidade de se passar fome era muito alta em várias fases da vida de uma pessoa que viveu em qualquer época antes da nossa era).

Os bovinos eram muito mais utilizados como animais de tração do que como fonte direta de carne. As vacas eram mais úteis como fornecedoras de leite (que por sua vez propiciava queijos e manteiga) do que como fonte direta de comida. Mas, de qualquer maneira, a carne sempre foi um artigo caro. Ela só se tornou mais disponível após a peste negra ter dizimado quase metade da população europeia, o que ocasionou falta de mão de obra e, consequentemente, pela lei da oferta e da procura, fez os salários aumentarem. Também por causa dessa alta mortandade, grandes plantações ficaram abandonadas, disponibilizando mais área de pasto para os rebanhos.

Um outro fator determinante no consumo de alimentos foi a influência do cristianismo, que estabelecia períodos de jejum. Durante a quaresma, proibia-se a consumo de carnes, ovos, leite e derivados, ou seja, alimentos de origem animal em geral, exceção feita ao peixe. Também era determinado que, após um banquete, deveria se adotar o jejum.

A maior parte do território europeu dessa época adotava o jejum às quartas e sextas-feiras, por vezes no sábado também. Não se sabe se essas medidas foram adotadas por motivos práticos, de forma a fazer com que a produção insuficiente de alimentos fosse melhor racionada, ou se pura e simplesmente para satisfazer o dogma de que a carne era inferior e impura, lembrando os fiéis da necessidade de autocontrole e domínio espiritual.

O jejum determinava apenas uma refeição diária, entretanto, não significava necessariamente uma refeição menor, pois doces e bebidas não eram restritas – as famílias mais abastadas, que eram poucas, não chegavam a passar fome; quanto às menos abastadas, passavam fome com frequência e não fazia tanta diferença se estivessem em períodos de jejum ou não! Normalmente se realizava duas refeições diárias, a primeira por volta do meio-dia e a segunda por volta do anoitecer.

Se de um lado a religião impunha restrições, por sua vez a ciência da época determinava uma maneira toda diferenciada de alimentação, baseada no conceito de que o processo digestivo fosse feito da melhor maneira possível: alimentos mais facilmente digeríveis deveriam se consumidos primeiro, seguidos pelos de mais difícil digestão.

Acreditava-se que os alimentos considerados "fortes", como a carne, ficavam estagnados no fundo do estômago, bloqueando a digestão e acumulando substâncias nocivas à saúde. Seguindo esse raciocínio, utilizava-se um aperitivo, confeitos feitos de mel, açúcar, gengibre ou erva-doce, que eram adicionados ao vinho ou leite. Após esse processo de "abrir" o estômago, ele estaria preparado para digerir frutas e vegetais de fácil digestão, como maçãs, repolhos, alfaces, e as carnes consideradas leves, como as de cabrito e frango. Na sequência, podia-se alimentar com castanhas, vegetais de digestão "pesada" e carnes "fortes", como a bovina e a suína.

Ao fim da refeição, o estômago deveria ser "fechado" com um digestivo, feito de massas de açúcar condimentadas ou vinho aromatizado e queijo envelhecido. Essa mesma ciência médica classificava os alimentos de acordo com os seus "humores", sendo considerados quentes ou frios, secos ou úmidos (vem daí a classificação utilizada até hoje para o vinho, vinho seco, suave etc.). As receitas eram criadas de forma a respeitar esses humores, e não propriamente a perfeita combinação dos sabores.

O refinamento dos pratos e receitas afloraram no fim da Idade Média, por volta do fim do século XIV. A partir desse momento, pelo menos no Ocidente, seria esperado um aumento da obesidade na população, em virtude de uma maior diversidade de sabores e combinações a serem experimentadas. Mas não temos qualquer registro histórico de que isto tenha acontecido. Devemos nos lembrar que a baixa disponibilidade de alimentos ainda era a dura realidade para a maioria absoluta da população mundial, tornando a degustação de sobremesas refinadas um privilégio para poucos.

Enquanto a cozinha dos reis e nobres contava com dezenas ou até centenas de trabalhadores (entre cozinheiros, padeiros, ajudantes, pajens, cortadores de lenha, ordenhadores e mordomos), a massa da população era habituada a passar por fortes privações alimentares, tanto em termos de qualidade quanto de quantidade, principalmente nos meses de inverno rigoroso. Portanto, reis, nobres e pessoas ligadas à corte eram as mais sujeitas a desenvolver sobrepeso e obesidade.

No que se refere ao consumo de bebidas, a água era menos recomendada do que as bebidas alcoólicas, já que a primeira é sempre passível de fácil contaminação. Além disso, atribuía-se grande valor medicinal ao álcool, especialmente ao vinho.

Nas áreas próximas do Mediterrâneo, devido ao cultivo de uvas, o vinho era bebida de consumo diário; em outras regiões esse produto era mais caro e ficava relegado às classes mais abastadas. A cerveja era a bebida popular entre os camponeses e trabalhadores braçais. O leite não era ainda utilizado em larga escala como hoje, já que estraga com muita facilidade sem o emprego da pasteurização, uma tecnologia que só seria conhecida séculos adiante.

O nosso popular cafezinho era um luxo muito caro, sendo raras as famílias que poderiam adquiri-lo. Somente era consumido por uma parcela maior da população nas terras onde era cultivado, como a Arábia e o Brasil.

Em resumo, o plantio era árduo e a colheita idem. A produção quase sempre era insuficiente, pois boa parte do que não era perdido devido à seca ou ao frio intenso era comido pelos ratos (o que fez com que as famílias adotassem gatos de estimação para morarem dentro de suas casas), ou estragava devido à falta de conservação adequada.

CLERO — OBESOS NA ERA DA FOME

Além da nobreza, uma outra classe social da Idade Média também estava exposta à obesidade: os sacerdotes do catolicismo. Esqueletos exumados de monges medievais (a exemplo dos encontrados na coleção de esqueletos do Museu de Londres) mostraram evidentes sinais de artrose, condição que muito provavelmente foi causada pelo excesso de peso. Assim como boa parte da população mundial de hoje, os monges medievais levavam um estilo de vida sedentário e gozavam de comida farta. Além disso, também dispunham de bastante tempo ocioso, permitindo que se dedicassem à culinária, arte na qual foram tão bem-sucedidos que são lembrados até hoje como os criadores de muitas receitas.

Os monges criavam animais visando ao abastecimento do mosteiro, e dessa forma sempre tinham disponíveis carnes variadas e derivados de animais, como leite, queijo, manteiga, banha e ovos. Também dispunham de pomares e hortas para abastecerem sua despensa. Embora fosse esperado que eles doassem 1/3 da sua produção de alimentos como esmola aos pobres, isso quase nunca acontecia.

Imaginem o panorama: pessoas sedentárias, que permanentemente tinham à disposição grande diversidade de comida e na quantidade que desejavam, além de muito tempo ocioso pra criar e testar inúmeras receitas culinárias. Obviamente, as consequências dessa farra gastronômica foram exatamente as mesmas que vemos hoje em dia: bochechas rechonchudas, barrigas proeminentes e doenças degenerativas.

ERA ATUAL

De tudo o que foi visto, podemos presumir que, sempre que houve disponibilidade de alimentos, o ser humano os utilizou em demasia, associando-o a festas e outros eventos sociais. O prazer sensorial despertado pela comida bem preparada realmente é um prazer ímpar – todos os povos em todos os tempos, de uma maneira ou de outra, buscaram esse prazer. Justamente por ser escasso o alimento, e os condimentos e especiarias sempre terem sido artigos de luxo, a oportunidade de degustar uma boa comida era privilégio de poucos.

Atualmente a situação é bem diferente. Tivemos uma grande evolução em todos os aspectos que envolvem o alimento. A agropecuária de muito já não é a mesma. Cruzamentos genéticos de plantas e animais deram origem a espécies mais fortes e saudáveis. As pragas mortais, que outrora devastavam lavouras inteiras, são combatidas por eficientes agrotóxicos.

As colheitas já não são feitas apenas à mão, mas também com grandes e modernas colheitadeiras mecânicas. Dispomos de adubos e modernos sistemas de irrigação.

A produção atual de carne bovina, suínos e de aves atingiu um patamar jamais visto. A ciência médica veterinária consegue vacinar os rebanhos de diferentes espécies contra várias doenças. Os animais produzem muito mais leite, se reproduzem mais e crescem em menos tempo, podendo ser abatidos e consumidos numa velocidade assustadora. O outrora caríssimo açúcar hoje pode ser comprado em qualquer lugar a preços muitos baixos, assim como todas as chamadas "especiarias" da antiguidade.

Desenvolvemos excelentes técnicas de conservação e higiene, que começaram, já no início da revolução industrial, com os alimentos enlatados, e nos levaram até os conservantes químicos (como os nitritos, nitratos e sulfitos), e até ao uso da radiação ionizante.

Para escoar a produção de tanto alimento, dispomos de rodovias, estradas de ferro, modernos navios, caminhões com sistema de refrigeração e utilização dos mais diversos tipos de embalagens.

Todos esses fatores somados elevaram a produção, a conservação e o transporte de alimentos a um patamar nunca antes visto. Definitivamente, os períodos de fome da humanidade estão em franca decadência; não fossem alguns sistemas políticos totalitários e perversos, e o descaso com que esse assunto é tratado pelas autoridades competentes, evitando desperdícios, nenhum continente deveria conhecer a fome já nesse início de século XXI.

A oferta de comida nunca foi tão grande e barata. Na década de 1960, o gasto com alimentação de uma família norte-americana típica representava 24% da sua renda. Atualmente, esse gasto caiu para meros 6%! E essa é a realidade dos países ricos e uma tendência dos países em desenvolvimento. Não é de se estranhar que a humanidade passa atualmente por um período de explosão de sobrepeso e obesidade!

Mas parece que a comida está invariavelmente destinada a nos causar problema. Sua escassez sempre foi tema crítico, mas agora conhecemos uma outra realidade: a fartura!

O que concluímos é que a palavra-chave para o comportamento alimentar é "disponibilidade". Qualquer cultura, em qualquer época, sempre lidou com o alimento de acordo com a sua disponibilidade ou escassez. Ao longo da história, toda a vez que a oferta de alimentos foi grande, o consumo também o foi.

ESTOU ACIMA DO PESO. A QUE DOENÇAS ESTOU EXPOSTO?

Pois é, a maioria das pessoas engorda um quilo aqui, outro ali, e vai perdendo aos poucos o controle da situação. Quanto param para pensar no que aconteceu, lá se foram dez ou mais quilos de gordura inútil acumulados no corpo. Como já dissemos, infelizmente não se trata apenas de "peso morto". Não é como carregar uma mochila pesada nas costas, que traria apenas problemas de ordem ortopédica: pagamos um preço bem mais alto pelo prazer de comer excessivamente!

A gordura acumulada também interfere quimicamente no estado geral de saúde do obeso, o que inicia uma cascata de eventos maléficos e que nos predispõem às chamadas doenças da obesidade. São as doenças crônico-degenerativas que, ao contrário das infectocontagiosas (como gripe, AIDS e tifo), são aquelas que desenvolvemos a partir de uma condição orgânica que independe de contágio.

Algumas pessoas obesas ou bem acima do peso preferem fazer vista grossa, procurando acreditar que sua saúde está em bom estado. Mas não adianta se iludir, a cada dia a ciência nos confirma que todo o montante de gordura acumulado acaba por cobrar um alto preço.

Vejamos no quadro abaixo as principais doenças causadas ou agravadas pela obesidade:

DOENÇAS MAIS COMUNS

- **Cardiovasculares:** hipertensão, AVC, doenças cardíacas, trombose venosa, varizes.
- **Respiratórias:** apneia do sono, falta de ar.
- **Metabólicas:** resistência à insulina, diabetes, taxas elevadas de colesterol e de triglicérides no sangue.
- **Ortopédicas:** gota, desvios posturais da coluna vertebral, artrose.

Essas são as ocorrências mais comuns, mas também podemos considerar nas mulheres um aumento do risco para o câncer de mama, de endométrio, síndrome do ovário policístico e irregularidades menstruais. No homem, o câncer de próstata é o mais evidente tumor relacionado. Quando a obesidade é considerada mórbida, a chamada obesidade grau III, os homens apresentam baixos níveis de testosterona. Menos testosterona significa mais uma importante alteração de composição corporal, o acúmulo de gordura vai se tornando tipicamente feminino: deposição de gordura nas nádegas, coxas, quadris e no peitoral, ocorrendo formação de mamas (ginecomastia).

Em ambos os sexos, ocorre um aumento da probabilidade de ocorrerem celulites, micoses e incontinência urinária. Isso sem contar que todas as doenças citadas podem se desdobrar em tantas outras mais!

Será que vale a pena descuidar tanto assim da saúde, em prol da obsessão por comida e da aversão em adotar um estilo de vida ativo?

Comer em excesso por si só já coloca em risco a longevidade, já que, além de piorar muito a qualidade de vida, ainda a torna menor, mesmo na ausência de doenças associadas perceptíveis.

Sabendo que uma alimentação abundante durante longos períodos da vida parece restringir a expectativa de vida, existe um procedimento teórico para extensão da vida chamado de "restrição calórica". Continue atento à leitura...

RESTRIÇÃO CALÓRICA & PROLONGAMENTO DA VIDA

Essa teoria postula que, quanto mais um organismo se alimenta, menos ele vive. A restrição calórica é um procedimento experimental realizado em laboratório, em que o consumo de calorias é muito baixo: a restrição é de aproximadamente 50 a 60% de uma dieta considerada normal para a espécie estudada. Diversas experiências têm sido feitas com animais, datando já da década de 1930, em que ratos, macacos, peixes (e até mesmo moscas e aranhas), que foram submetidos a esse tipo de dieta, viveram muito mais do que os animais que recebiam uma dieta mais calórica. Um rato branco, que tem em média 23 meses de vida, chega a alcançar 33 meses com a restrição calórica. Uma aranha, que viveria normalmente 50 dias, chega a 90! E, de fato, todas as espécies de animais submetidas à restrição calórica tiveram um aumento da longevidade muito expressivo.

Mas como o excesso de calorias pode influenciar a longevidade? A tendência natural das pessoas é achar que uma alimentação farta seria preferível à alimentação restrita, pois forneceria mais nutrientes essenciais à boa saúde. Na verdade não é bem assim. Pesquisas mostram uma relação direta entre uma grande quantidade de calorias ingeridas e uma menor expectativa de vida, independentemente da qualidade da alimentação. No Japão, país que detém o recorde de expectativa de vida, os lutadores de sumô profissional chegam a viver dez anos a menos do que a média da população.

Mas qual é o mistério por trás desse procedimento? Ficou bem claro através de muitas pesquisas que a restrição é eficiente apenas do ponto de vista energético, não sendo específica a um determinado tipo de alimento. Assim, não adiantaria restringir apenas a gordura e substituí-la pelo consumo de calorias advindas de carboidratos e proteínas.

A restrição deve ser realmente de energia (consumir baixa quantidade de alimentos em geral, não importando quais as fontes). Ratos que tinham diferentes composições corporais (variando de 48% a 13% de gordura corporal), mas o mesmo peso, viveram o mesmo tanto, evidenciando que não é a quantidade de gordura que se ingere e nem a quantidade de gordura no corpo que regula a longevidade, e sim o baixo peso corporal total.

O mesmo é válido para o consumo de vegetais, pois apesar de apresentarem baixo conteúdo calórico em relação às gorduras, podendo ser ingeridos em quantidades maiores, ainda assim devem ser restritos, pois em estudos com animais, dietas puramente vegetarianas provaram não ter eficácia em aumentar a longevidade, caso não sejam hipocalóricas.

Algumas evidências em populações humanas podem ser citadas, como na ilha de Okinawa, onde o número de indivíduos centenários é 40 vezes maior do que a média japonesa, que já é uma das mais altas do mundo. Os habitantes dessa ilha apresentam um consumo calórico 17% menor do que o resto da população japonesa, e atribui-se a esse fato as taxas de 31% a 41% menores na mortalidade por câncer e doenças cardiovasculares, em relação ao resto do Japão (um alto consumo de alimentos está diretamente associado ao câncer de estômago e intestino).

Mediante esse conhecimento, podemos nesse ponto traçar um paralelo entre a restrição calórica e a aceleração do processo de envelhecimento por meio da ação dos radicais livres, uma vez que quanto mais alimentos forem ingeridos, maior vai ser o "custo" orgânico nos processos de mastigação, deglutição, digestão e absorção desses alimentos. Tudo isso culmina numa maior produção de energia pelas mitocôndrias, e todas essas etapas requerem oxigênio na proporção direta com a quantidade ingerida.

Como quanto mais oxigênio consumido, maior é o processo de produção de radicais livres, fica evidenciada a razão direta entre grande consumo de alimentos e estresse oxidativo do organismo. Quem come em excesso exige demais do seu organismo, levando-o a um desgaste metabólico prematuro, encurtando a vida.

Com a restrição de calorias, o metabolismo desacelera e acaba por gerar menos radicais livres, já que consome menos oxigênio. Com isso, retarda o envelhecimento e o aparecimento de algumas doenças. Presume-se que na espécie humana a restrição calórica surta os mesmo efeitos, e não há motivos concretos para se imaginar o contrário, uma vez que todos os organismos pesquisados eram de espécies muito diferentes e todos apresentaram resultados claramente favoráveis para o aumento da longevidade.

É importante frisar que qualquer pessoa que se submeta à restrição calórica voluntariamente o faça mediante supervisão médica, a fim de evitar radicalismos e enfermidades, como a instalação de avitaminoses e desnutrição proteica. Encontramos referências de alguns autores sugerindo que uma redução calórica de 15 a 25% teriam reflexos positivos na longevidade humana.

A OBESIDADE ESTÁ POR TODA PARTE — O EXEMPLO DAS FAVELAS

Antigamente obesidade era coisa de rico! Somente era gordo quem tinha uma situação econômica ao menos razoável, pois o pré-requisito para engordar era poder adquirir bastante alimento, e para isso é necessário dinheiro. O custo do alimento sempre foi alto, e como já vimos, a maior parte do mundo sempre viveu à margem de uma alimentação farta, variada e acessível. A natureza de trabalho das classes sociais mais privilegiadas sempre exigiu menos esforço físico, isso quando trabalhavam, favorecendo dessa forma o acúmulo gordura corporal.

Atualmente a faixa populacional considerada de baixa renda também não está livre da problemática dos quilinhos em excesso. Pode parecer paradoxal que alguns moradores de favelas, pessoas de baixa renda, possam estar ficando obesos. Mas basta um pequeno aumento da renda da população, aliado a um barateamento e uma maior oferta de alimentos, e já é possível a praticamente qualquer pessoa adquirir calorias o suficiente para alterar para mais os ponteiros da balança, às vezes perigosamente.

Para as classes sociais menos favorecidas, a primeira necessidade quando se trata de comida é matar a fome, por isso a alimentação de muitas famílias urbanas pobres é nutricionalmente insatisfatória e pouco variada. Como buscar qualidade à mesa quando o poder econômico é fator limitante para a aquisição de alimentos? Naturalmente prefere-se a abundância, deixando a qualidade em segundo plano.

E para isso existem alimentos muito baratos, ainda que de baixíssima qualidade nutricional. Alguns deles apresentam um grande conteúdo de açúcares e gorduras (grande conteúdo calórico), e vêm sendo consumidos em quantidades muito acima das indicadas; enquanto isso, os alimentos mais saudáveis são preteridos devido à falta de poder aquisitivo para adquiri-los.

Pessoas que se alimentam dessa maneira são consideradas bem alimentadas, porém mal nutridas. Esse tipo de alimentação caracteristicamente fornece muita energia na forma de carboidratos (açúcares), e algumas vezes também em gorduras e sódio. São em princípio alimentos realmente muito baratos, em contrapartida são muito pobres em proteínas e em micronutrientes, que são as vitaminas e os minerais, que deveriam ser fornecidos mediante consumo frequente de folhas, frutas e legumes. Alimentos de natureza proteica, como carnes e queijos, são mais caros e ironicamente podem ser os que menos engordam.

Estudos sobre o consumo apontam o predomínio do macarrão, pão, biscoitos recheados, arroz, feijão, fubá, farinha e alguma carne, todos de marcas obscuras e de baixa qualidade, feitos com matérias-primas baratas.

Predomina o consumo elevado de marcas muito baratas de refrigerantes, salgadinhos do tipo "chips" e doces. Em contrapartida, frutas e verduras, que são alimentos de alto conteúdo nutricional e em princípio menos calóricos, praticamente não fazem parte da dieta habitual, sendo consumidos esporadicamente. Sendo assim, nada mais natural do que se esperar que essa faixa populacional também adentre os largos e receptivos portões da obesidade.

As comunidades que costumeiramente ingerem esse perfil de alimento estão se tornando obesas e subnutridas. Vale lembrar que a comida ingerida é apenas parte do mal: o estilo de vida de algumas comunidades pobres é um grande fator para contribuir para a obesidade, apontando o sedentarismo como fator de grande peso nesse processo.

Um estudo realizado com mulheres americanas mostrou uma relação inversa entre poder econômico e obesidade: a classe baixa, na época do estudo (2000), detinha 30% de obesidade. A classe média ficou com 18%, e a classe economicamente mais favorecida apresentou apenas 5%. Esse resultado se explica pelo fato de que os mais ricos dispõem de maior e melhor acesso à informação, a serviços médicos de esclarecimento e acompanhamento, e ao acesso a lazer e atividade física.

No Brasil, a população infantil de todas as classes sócias já começa a sofrer significativamente com o sobrepeso. Mas a faixa econômica em que a obesidade prevalece é naquela em que o rendimento é de cinco salários mínimos ou mais, atingindo bombasticamente quase 40% das meninas e estarrecedores 50% dos meninos, (dados explicados em parte pelo maior acesso a computadores e *video games*)! Somando todas as classes sociais, já temos praticamente 15% de obesos na faixa dos cinco a nove anos de idade.

Como estamos vendo, nenhum perfil populacional parece estar livre de adquirir uns quilinhos a mais, a obesidade não escolhe mais suas vítimas pela classe social e muito menos idade! Vamos prosseguir na leitura dos capítulos seguintes.

POR QUE SENTIMOS FOME?

Como estamos vendo, o que causa diretamente a obesidade é a quantidade de alimento disponível e o estímulo para o consumo. E aí entra também a sensação de fome e de prazer associados à comida. Mas o que é a fome afinal? De onde ela surge e por que algumas pessoas parecem sempre estar famintas, dispostas a devorar tudo o que encontram pela frente em grande quantidade?

A fome nada mais é do que uma sensação causada por eventos bioquímicos que são diretamente controlados por alguns hormônios. A secreção e o equilíbrio desses hormônios no nosso corpo é que determinam quando uma pessoa irá sentir fome, incitando a alimentação, ou se sentir saciada, fazendo com que ela pare de comer.

Para compreendermos melhor todo esse processo, teríamos de nos envolver em complicadas explicações fisiológicas, o que não é o objetivo aqui. Trataremos desse assunto, portanto, de forma resumida, mas que possibilitará ao leitor compreender o quanto somos influenciados pela bioquímica, na questão da alimentação e da obesidade.

Após algum tempo sem nos alimentarmos, o estômago vazio libera um hormônio chamado grelina. Esse hormônio age diretamente no cérebro, ativando a sensação da fome: É o "sinal verde" para nos alimentarmos.

Feita a refeição, após alguns minutos é liberado pelo intestino um outro hormônio, o PYY. Agindo também no cérebro, ele desativa o mecanismo da fome e desencadeia a sensação de saciedade, determinando o fim da refeição. Portanto, grelina e PPY são hormônios contrarregulatórios, procurando equilibrar a ingestão adequada de alimentos pelo nosso organismo.

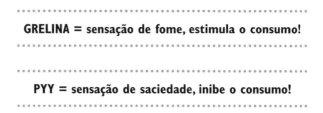

GRELINA = sensação de fome, estimula o consumo!

PYY = sensação de saciedade, inibe o consumo!

Descobriu-se que obesos e algumas pessoas com sobrepeso apresentam baixa secreção de PYY e dessa forma sentem mais fome; essas pessoas também são mais sensíveis aos efeitos estimulantes do apetite causados pela grelina.

Mas atenção: o PYY regula a saciedade, sinalizando que a fome já passou. O indivíduo compulsivo vai mais além, ele não come simplesmente porque sente fome, mas porque gosta de se empanturrar, comendo tanto quanto possível. O glutão parece sofrer mais com a falta de saciedade do que com a fome em si, ele sabe que não está mais com fome, mas tem necessidade de se sentir plenamente satisfeito.

Embora essa deficiência hormonal torne complicado o fato de se manter o peso ideal, isso não é impossível, e muito menos justifica um ser humano pesar 200 quilos. O obeso só é obeso porque, no final das contas, ele come demais. Culpar hormônios pelo excesso de peso é um escapismo muito frequente para a falta de controle à mesa!

Já nas pessoas magras, a situação é inversa, os níveis de PYY são normais e elas são menos responsivas à ação da grelina, assim sentem menos fome e se saciam com mais facilidade.

Resta saber se é o desequilíbrio entre esses dois hormônios que leva ao aumento de apetite e consequentemente à obesidade, ou se é a própria obesidade que influencia negativamente a produção hormonal de grelina e PYY, tornando a pessoa obesa ainda mais suscetível à superalimentação. Pelos estudos que temos disponíveis, tudo indica ser essa última alternativa a correta, quanto mais obesa uma pessoa se torna, mais ela demora para se sentir saciada, ficando progressivamente mais "imune" aos processos bioquímicos que levam à saciedade.

Outro hormônio envolvido no processo de emagrecimento é a leptina. Descoberta em 1994, sabe-se hoje que a leptina é produzida no tecido adiposo e que, entre outros efeitos, tem influência no controle do apetite; assim como o PPY, é um hormônio sinalizador de saciedade. Quando chega ao Sistema Nervoso Central, a leptina promove um aumento do gasto energético e ainda faz com que a pessoa pare de comer.

Esse hormônio age como um "termostato", avisando ao Sistema Nervoso Central sobre os estoques de gordura que temos no corpo. Assim, o cérebro tem um referencial sobre o ajuste do controle alimentar e do metabolismo.

A leptina é um canal de comunicação entre a gordura corporal e o cérebro, e através dela, "conversam" entre si. O obeso também apresenta resistência à ação da leptina, pois nele há uma quantidade menor de receptores para esse hormônio do que em relação às pessoas magras, o que faz com que ele demore mais para se sentir saciado.

LEPTINA = sensação de saciedade, inibe o consumo!

Por causa do bloqueio da leptina, a gordura corporal e o cérebro se tornam "incomunicáveis"; isso acaba por aumentar a produção de leptina, na tentativa de tornar essa "conversa" possível. Quando queremos nos comunicar com uma pessoa com audição deficiente, temos que falar mais alto e até mesmo gritar para nos fazer entender. É por isso que quanto mais gordos nos tornamos, mais leptina é secretada. É como se o organismo passasse a gritar cada vez mais alto: "Pare de comer". Mas, como vemos na prática, esse alerta não funciona muito bem, a pessoa continua se alimentando em excesso.

E quanto mais ganhamos peso, menos nos sentiremos saciados aos alimentos, situação que gera uma perigosa bola de neve, de onde fica cada vez mais difícil sair. É por isso que, a partir de um determinado sobrepeso, a tendência é engordar cada vez mais.

Um outro hormônio envolvido nesse processo é a insulina. Ela age em conjunto com a leptina sinalizando ao cérebro o grau de gordura existente no corpo. Defeitos de reconhecimento pelo hipotálamo, tanto da leptina quanto da insulina, provocam aumento no consumo de alimentos.

Finalmente, temos ainda o GLP-1 e a Oxintomodulina, produzidos pelo intestino delgado e cólon, que após a alimentação são liberados na circulação sanguínea e inibem o apetite, oferecendo sensação de saciedade.

GLP-1 e OXINTOMODULINA = sensação de saciedade, inibe o consumo!

O controle do apetite também é influenciado pelo nível de atividade física: um estudo interessante revelou o importante papel que a atividade física representa no controle da fome. Ratos obesos foram estimulados a nadar algumas horas por dia. Após determinado período, o hipotálamo, que é a região do cérebro responsável por monitorar a relação entre consumo e gasto de energia, foi estudado. O resultado foi que os animais obesos passaram a se alimentar da mesma forma que os não obesos. Essa queda no apetite mostrou que a atividade física torna o hipotálamo mais sensível à ação da leptina e da insulina, confirmando que o exercício tem influência positiva sobre o sistema de saciedade.

O tipo de alimento consumido também exerce influência sobre o consumo. Carboidratos refinados (feitos com farinha branca ou açúcar refinado) saciam menos do que a frutose das frutas, menos do que alimentos com alto teor de fibras, e ainda menos do que alimentos feitos com farinha integral (como pães e massas).

Podemos dizer então que o consumo alimentar de uma pessoa é determinado por fatores bioquímicos (pela secreção de certos hormônios), e seu correto reconhecimento pelo organismo. A falha na produção desses hormônios, e ainda a falha do Sistema Nervoso Central em reconhecê-los, dificulta a vida de quem quer perder peso por alterar a noção de saciedade.

É por isso que alguns especialistas consideram a obesidade como uma doença neuroquímica, que deve ser tratada a partir de uma intervenção medicamentosa, além do suporte psicológico e nutricional. Cientificamente ela parece ter uma causa, mas não sabemos se é assim para todos os que estão consideravelmente acima do peso! Até onde é doença e até onde é simplesmente a consequência do prazer de comer excessivamente?

Como já vimos, a obesidade é a porta de entrada, o gatilho que dispara muitas doenças. Mas ela é uma doença em si, em todos os casos? E o que dizer das pessoas que se encontram em variados graus de sobrepeso, sem necessariamente estarem obesos? E as pessoas que sempre foram magras e só recentemente se tornaram gordas?

Nesse ponto cabe ainda uma outra indagação: se somos mesmo animais racionais, dependemos tanto assim da química cerebral para

63

sermos magros e saudáveis? Mesmo considerando uma possível falha nos hormônios da saciedade, ainda assim uma criatura racional não poderia, por meio da vontade, se alimentar com sabedoria?

Toda essa teoria sobre consumo e saciedade serviria como uma luva em um animal. Mas o ser humano tem algo a mais, dispomos de julgamento, autocrítica, e temos a capacidade de nos observar face aos nossos semelhantes.

Quantas pessoas conhecemos que conseguiram emagrecer sem o auxílio de medicamentos, ou mesmo sem intervenção psicológica profissional, motivadas apenas por um severo alerta médico, ou mesmo um fator emocional?

É o mesmo caso do fumante que foi advertido com a frase: "Ou você para, ou morre!". Fumar é um vício, talvez mais arraigado na pessoa do que a compulsão por comida, já que a nicotina é um potente agente viciante.

Casos assim são a prova de que a vontade pode, pelo menos em alguns casos, sobrepujar as possíveis alterações hormonais e cerebrais que movem as engrenagens da fome e saciedade.

COMO O ORGANISMO MANTÉM NOSSO PESO E GORDURA CORPORAL

Perder peso e gordura corporal não é tarefa das mais fáceis para muitas pessoas. E pode ser ainda mais difícil manter a forma física conquistada, já que geralmente o peso perdido foi às custas de muito sacrifício. Por que isso acontece? Como um termostato, temos um ponto de ajuste regulado pelo cérebro como sendo o nosso peso "normal", mesmo que esse peso seja muito elevado. Notem que isso não tem nada a ver com peso saudável, o cérebro não está preocupado com isso e sim com a manutenção do que já temos.

Após alguns meses em um determinado peso, seja ele elevado, baixo ou o seu peso ideal, é esse peso que fica registrado no cérebro como o que deve ser mantido.

Se você pesa 80 quilos, ao perder apenas um já se encontrará em déficit, e o corpo fará o que for necessário para lhe estimular a comer e recuperar esse quilo perdido. Se com o passar dos anos você aumentar o seu peso para 85 quilos, esse será o seu novo ponto de ajuste: 80 quilos já não servem mais; o que você pesava alguns anos atrás já não basta, pois o "termostato" cerebral foi regulado para mais. Por isso, quanto mais pesados ficamos, mais difícil fica a caminhada de volta rumo ao peso saudável.

Nosso hipotálamo é a estrutura cerebral responsável pelo controle do apetite, portanto, em última análise é ele que determina o controle do seu peso e gordura corporal. Evidências apontam que o hipotálamo sofre influência de sinais vindos de todo o corpo, e são exatamente esses sinais que dificultam a manutenção do peso corporal em um patamar mais baixo.

Esses sinais não são modelos estruturais reais, são modelos teóricos de como provavelmente o cérebro reage ao ambiente bioquímico e estrutural do corpo. Conheça-os:

SINAL GLICOSTÁTICO

Esse sinal refere-se à glicemia do indivíduo. Quando em dieta restritiva, é normal a ocorrência de hipoglicemia em alguns períodos do dia. Os níveis de glicose no sangue ficam baixos e então o hipotálamo interpreta esse dado como uma ameaça à vida; a partir dessa análise, ele estimula o apetite.

SINAL LIPOSTÁTICO

O sinal lipostático monitora a quantidade de tecido adiposo no organismo. Da mesma maneira, quando em restrição de calorias acabamos por perder certa quantidade de gordura corporal. O hipotálamo analisa a menor capa de gordura como uma privação a ser combatida, e estimula o consumo de alimentos.

SINAL PONDEROSTÁTICO

Esse sinal é referente ao peso que o corpo faz sobre os pés. Ao ficarmos mais leves, a sola dos pés é menos pressionada pelo peso do corpo, gerando mais um sinal que chega ao hipotálamo e nos faz comer mais.

Quando a coletividade desses três sinais é muito forte, nosso corpo obviamente está com seus estoques de energia mais baixos do que o habitual. A função de manutenção da vida exercida pelo nosso cérebro procurará então corrigir rapidamente essa situação. É justamente essa a dificuldade em se manter o peso corporal perdido: quando se perde peso muito rapidamente, o cérebro fica em alerta vermelho e estimula o apetite constantemente. Uma difícil batalha é travada entre o autocontrole e a voracidade alimentar, e infelizmente na maioria das vezes somos vencidos e engordamos tudo de novo.

Para que esses sinais sejam enfraquecidos de vez, devemos nos manter por meses a fio dentro do peso desejado. A partir de um determinado momento, o hipotálamo já se habituou a um peso corporal menor, e esse será o seu novo peso ideal a ser mantido. Podemos dizer que o "termostato" foi regulado para menos.

A melhor estratégia é ir perdendo peso de forma lenta mas constante, pois assim nosso cérebro tem de lidar com pequenos déficits de energia, ao invés de uma "pane energética", como por exemplo quando perdemos três quilos em uma semana. Dessa forma, o apetite é menos estimulado e o controle sobre o que se come passa a ser menos difícil.

É exatamente por isso que não é recomendável se desesperar e tentar emagrecer muito rapidamente. Mesmo que a pessoa consiga perder muito peso em poucas semanas, isso ocasionará um forte descompasso entre a balança e o hipotálamo, fazendo com que esse último trabalhe contra a sua dieta, após algum tempo.

Não vemos isso todos os dias? Pessoas que sempre estiveram acima do peso, e de repente resolvem emagrecer; sem orientação, se envolvem em regimes muito radicais e perdem peso rapidamente. E após apenas algumas semanas ou meses, recuperam tudo de novo. Cuidado com imediatismos.

> **Nunca realize dietas bruscas e radicais, porque a reação contrária exercida pelo organismo será de igual intensidade ou maior. Quase sempre você irá perder essa batalha! A melhor maneira de "enganar" seu cérebro é ir perdendo peso aos poucos!**

BIÓTIPOS

Na genética humana existem determinados biótipos, que são a constituição hereditária fundamental de cada pessoa. De acordo com o biótipo herdado, a pessoa sintetiza e acumula mais ou menos gordura e músculos.

Existem basicamente três classificações de biótipos, que são a ectomorfia, a mesomorfia e a endomorfia, e nenhuma pessoa é enquadrada em uma delas exclusivamente – cada indivíduo possui variações de cada subtipo na sua composição corporal.

ECTOMORFIA

Determina o tipo físico longilíneo. Nas pessoas de constituição ectomorfa se evidencia o componente de magreza, ou seja, possuem ossatura fina, baixas taxas de gordura corporal e também musculatura pouco desenvolvida. Geralmente apresentam um pouco mais de dificuldade para ganhar peso corporal, seja em músculos, seja em gordura.

MESOMORFIA

É o tipo físico robusto. Pessoas com grande componente de mesomorfia apresentam massa muscular mais desenvolvida. Indivíduos desse subtipo apresentam baixa/média quantidade de gordura corporal e apresentam ombros largos e ossatura bem desenvolvida.

ENDOMORFIA

O endomorfo é tipo físico curvilíneo, de aparência redonda, onde se evidencia o componente adiposo, apresentando mais facilidade para acumular gordura corporal do que os demais subtipos.

Se em uma pessoa predomina a endomorfia, ela terá naturalmente mais gordura corporal do que uma pessoa onde predomina a mesomorfia, e mais ainda em relação à pessoa de constituição ectomórfica. É nesse aspecto que o fator genético se expressa, pois diz respeito à quantidade de células de gordura, ao tipo de fibra muscular, ao diâmetro ósseo e à velocidade metabólica de um organismo.

Mas a endormorfia por si só não determinada o tamanho corporal. Vamos imaginar três pessoas com a mesma estatura, cada uma com predominância em um biótipo determinado. Com a mesma alimentação e um mesmo gasto energético diário, as três deveriam ter necessariamente um peso corporal semelhante. O que iria variar é a composição desse peso, ou seja, o quanto de gordura e o quanto de músculo cada pessoa apresentaria.

Além desse critério de classificação, há ainda um que considera a distribuição da gordura no corpo, que é quase tão importante quanto a sua quantidade total:

FORMATO DE MAÇÃ (ANDROIDE)

Excesso de gordura localizado no abdômen, o tipo mais indesejado e perigoso à saúde, pois concentra a chamada gordura visceral, aquela que envolve nossos órgãos internos. Ela torna o portador sujeito às doenças cardíacas e ao diabetes. É o mais típico em indivíduos do sexo masculino.

FORMATO DE PERA (GINECOIDE)

Excesso de gordura localizado nos quadris, nádegas e nas coxas. É considerado menos nocivo à saúde, já que concentra nessas áreas a chamada gordura subcutânea, localizada logo abaixo da pele. É um formato mais típico de ocorrer em mulheres.

A ciência ainda não esclareceu com precisão o porquê de a gordura visceral ser considerada a mais perigosa. Especula-se que talvez ela tenha uma atividade metabólica maior e possa dessa forma liberar mais substâncias tóxicas diretamente para o fígado, atrapalhando sua função de controle do colesterol e da glicose do sangue.

Mas, de qualquer forma, todas as doenças da obesidade citadas anteriormente têm relação direta com a distribuição da gordura corporal. A resistência à insulina e as alterações plasmáticas de gorduras e açúcares são muito mais frequentes em indivíduos portadores de obesidade central, aquela do abdômen, em relação aos portadores de obesidade nos quadris e coxas.

A distribuição dos adipócitos é um fator genético, mas de forma geral as mulheres tendem mais ao formato de pera (havendo uma redistribuição da gordura corporal após a menopausa), e os homens tendendo mais ao formato de maçã.

A única maneira de alterar a distribuição dos depósitos de gordura no corpo é por meio da lipoaspiração, já que ela remove os adipócitos da região escolhida. Uma pessoa submetida a essa cirurgia, ao voltar a engordar, obriga o corpo a encontrar novos caminhos para a estocagem de gordura. Se por exemplo era do tipo androide (maçã), acumulava muita gordura no abdômen, mas como os adipócitos foram retirados desse local, irá primeiramente engordar em outras partes do corpo.

O que importa é não se iludir quanto a um resultado definitivo, ao persistir em uma alimentação hipercalórica, fatalmente o indivíduo irá engordar de novo, apenas como não dispõe mais da mesma quantidade de adipócitos na região lipoaspirada, o excesso de gordura será estocado onde estas células estão disponíveis. Essa situação pode ser observada frequentemente em pessoas lipoaspiradas que, ao engordarem, apresentam desproporção na distribuição de gordura corporal, pois embora apresentem um abdômen reto têm excesso de gordura nos braços, quadris e em outras partes do corpo.

Caso a pessoa continue a engordar após os adipócitos restantes estarem totalmente preenchidos com gordura, novas dessas células serão criadas, inclusive no local onde a lipoaspiração foi feita.

Não existe lipoaspiração para o cérebro, para o comportamento! Após sair da mesa de cirurgia, a grande maioria das pessoas ainda não está preparada para adotar um comportamento alimentar condizente com sua nova condição física: em questão de meses irão engordar de novo, porque o seu "termostato" não foi regulado.

Embora de grande utilidade na questão estética, a lipoaspiração não pode ser considerada um procedimento em favor da saúde por remover apenas a gordura subcutânea e não a gordura visceral! Além disso, o comportamento em relação ao alimento não é mudado. Assim, a pessoa perde peso, mas seus fatores de risco para doenças oriundas da obesidade, como resistência à insulina, colesterol alto e hipertensão arterial podem permanecer os mesmos!

FALSOS MAGROS

Algumas pessoas são consideradas magras, porém acumulam bastante gordura na região abdominal, os chamados "falsos magros". Hoje se sabe que esses indivíduos também não estão livres dos problemas relacionados com a obesidade, pois vimos que o que conta para a saúde cardiovascular é a gordura visceral.

Isso quer dizer que apenas uma barriga proeminente pode ser tão ruim ou até mesmo bem pior do que um indivíduo inteiramente gordo, porém com a gordura mais bem distribuída.

Um dos parâmetros para a avaliação da obesidade é o IMC – Índice de Massa Corporal, que é obtido por meio da divisão do peso do indivíduo (em quilogramas) pela sua altura (em metros) ao quadrado.

Por se basear apenas na altura e no peso, e não na distribuição da gordura corporal, o IMC está atualmente caindo em desuso, uma vez que pessoas magras com excesso de gordura abdominal se encontram na faixa de risco para cardiopatias, diabetes e hipertensão arterial, mesmo com o resultado do IMC sendo favorável.

Existe um outro método muito mais simples e bastante fidedigno de se avaliar o grau de risco de uma pessoa para as patologias associadas ao sobrepeso: a medida de circunferência da cintura! Esse método determina como limite máximo a circunferência de 102 cm para homens e 88 cm para as mulheres, podendo haver pequenos ajustes para pessoas com estaturas muito extremas, para mais ou para menos. Caso adotemos esse critério, em vez do IMC, a faixa de pessoas que se encontram em risco para ataques cardíacos chega a triplicar!

Nesse momento interrompa a leitura desse livro e confira sua circunferência abdominal; caso ela exceda as medidas de segurança propostas, é hora de tomar providências imediatas, pois sua saúde se encontra em risco. Não tente atenuar os resultados com pensamentos ilusórios, como "meu abdome ultrapassa as medidas propostas, mas eu pratico exercícios físicos regularmente", ou "estou gordo, mas só me alimento com comidas saudáveis".

Primeiro porque gordura é gordura, seu corpo não vai discriminar a origem dela, tanto faz se acumulou gordura visceral comendo picanha, sorvete ou salada de frutas. Claro que é melhor engordar comendo pratos saudáveis do que guloseimas, porque os pratos saudáveis ao menos agregam fibras e nutrientes importantes ao excesso de calorias ingeridas (quem engorda tendo por base alimentar os *fast-foods* e doces, certamente estará com algum grau de desnutrição e outros problemas de saúde).

Segundo, se você pratica atividade física regular e mesmo assim está com o abdome acima de 102 ou 88 cm (para homens e mulheres, respectivamente), isto significa que tem alguma coisa errada, e provavelmente não é com a atividade física em si que você deverá se preocupar, e sim com a qualidade e a quantidade do que você come.

Outras formas de se avaliar a gordura corporal seriam a tomografia computadorizada de abdômen, ótima para localizar depósitos de gordura visceral, e a DEXA – Dual Energy X-Ray Absorptiometry, que utiliza tecnologia que emprega os raios X para a mesma finalidade.

INGESTÃO CALÓRICA E EMAGRECIMENTO — UMA SIMPLES QUESTÃO MATEMÁTICA

Para que a pessoa emagreça, é necessária a diminuição da ingestão calórica de forma que se consuma menos do que se gaste. Ocasionando déficit energético, fatalmente teremos perda de peso e gordura corporal. O ponto mais curioso desse processo é que, apesar da simplicidade teórica disso, algumas pessoas simplesmente não conseguem emagrecer por não conseguir controlar com a mínima eficiência o que se come.

A matemática envolvida é muito simples, basta ingerir diariamente menos calorias do que necessitamos:

Redução de Peso =
Quantidade de Calorias Ingeridas < Quantidade Calorias Gastas.

Aumento de Peso =
Quantidade Calorias Ingeridas > Quantidade Calorias Gastas.

Normalmente as pessoas não se preocupam em comer menos do que gastam, elas pensam em gastar mais do que ingerem, o que não é a mesma coisa, e é aí que está o erro! Matematicamente daria no mesmo, mas não é assim que funciona na prática, no nosso dia a dia.

Quando uma pessoa pensa dessa forma, ela se preocupa em gastar calorias fazendo exercícios físicos, enquanto a primeira atitude deveria ser rever seus conceitos em termos de alimentação. Isso porque o exercício físico na maioria das vezes é apenas um coadjuvante do processo de emagrecimento, e não a solução em si.

Se a pessoa não se submete a nenhum tipo de controle sobre o que come, nenhuma modalidade desportiva vai ser eficiente para promover o emagrecimento necessário, não importa o quanto faça. Lembre-se que a reposição das calorias gastas é muito fácil, basta ter alimento disponível (mecanismos de sobrevivência da espécie, de novo...).

Assim, o pensamento de que basta se exercitar para emagrecer não passa de vã ilusão, e é por isso que tantas pessoas desistem da academia de ginástica logo nas primeiras semanas ou meses.

> **Nunca consuma mais do que irá conseguir gastar. Se o seu estilo de vida não é ativo, ou se por algum motivo não puder se exercitar, coma apenas para saciar a fome! O desrespeito a essa regra acarretará em aumento da gordura corporal.**

Daremos alguns exemplos de como a reposição da energia gasta com exercícios pode ser facilmente reposta:

Uma hora de caminhada equivale a um gasto energético de 384 calorias. Se você sair perguntando por aí, a grande maioria das pessoas irá considerar uma hora de caminhada um exercício bem razoável. Agora considere o quadro abaixo, refeição *fast-food* típica:

Alimento	Quantidade de calorias*
Porção média de batata frita	460 calorias
Lata de Coca-Cola de 350 ml	137 calorias
Big Mac	504 calorias

* Valores aproximados.

Imagine a seguinte situação: você pesa 80 quilos e precisa emagrecer. Caminha uma hora em ritmo moderado e gasta com isso 384 calorias. Se essas calorias viessem exclusivamente da gordura corporal (o que não acontece), haveria uma perda de peso de 43 gramas de gordura. Assim, os penosos 60 minutos de atividade não modificam em nada os ponteiros da balança após o término desta, afinal, a perda real reduziria o peso da pessoa de 80 para 79,57 quilogramas. Qualquer perda de peso maior que esse valor representaria apenas perda de água corporal mediante transpiração, perda essa que seria reposta em questão de minutos ou horas.

Somente com essa informação já se conclui que um dos segredos da atividade física é a regularidade, pois o que ela representa em termos reais de perda de gordura diariamente não é significativo.

Normalmente após o término de um exercício sentimos necessidade quase imediata de repor os líquidos perdidos pela transpiração. Uma vez satisfeita essa necessidade, em poucos minutos vem a fome, e com ela, muitas vezes o descontrole. Caso não fiquemos atentos, a tendência algumas vezes pode ser a de comer tanto quanto ou mais do que foi gasto com o exercício, anulando seu efeito como agente emagrecedor.

Se nesse exemplo a pessoa resolver sair da dieta e comer somente um Big Mac, por se achar merecedor após a caminhada, estará agregando mais calorias do que as que foram perdidas no exercício. Não haveria somente reposição, como também haveria um excedente que impediria o emagrecimento e ainda estoca um outro tanto de gordura corporal.

Para poder comer um alimento calórico (como um Big Mac), e ainda conseguir emagrecer, tudo o que se consumiu ao longo do dia deve ter um valor menor do que as calorias gastas, nesse caso, menor do que as 384 calorias da caminhada, mais o restante que foi gasto em outras atividades e o metabolismo de repouso.

Não fica difícil imaginar porque o homem sobreviveu até hoje na face da Terra, não é? A energia contida em alguns alimentos é suficiente para a realização de várias tarefas do dia a dia. Apenas uma fatia de pizza de muçarela pode suprir até meia hora de corrida! Se assim não fosse, precisaríamos passar o dia todo comendo, e não apenas nos alimentarmos no intervalo de algumas horas.

Quando comemos além do necessário, estamos fazendo duas coisas: satisfazendo um prazer compulsivo e adicionando quilos desnecessários de gordura ao nosso corpo.

Não há atividade física que baste para compensar o descontrole alimentar! O acúmulo de gordura corporal segue um caminho preciso, e esse caminho começa pela boca!

ATIVIDADE FÍSICA OU DIETA, O QUE É MAIS IMPORTANTE?

Existem muitas dúvidas envolvendo a atividade física e a sua capacidade de promover saúde e emagrecimento. Geralmente as pessoas ignoram a real influência da atividade física e da dieta sobre o emagrecimento. Só dieta resolve? Ou só exercícios? Devo aliar os dois? Para responder com precisão a essas perguntas, vamos analisar o papel que cada uma exerce sobre o nosso metabolismo.

ATIVIDADE FÍSICA SERVE PARA EMAGRECER?

Muitas pessoas procuram se exercitar na esperança de resolver seu problema de gordura localizada e excesso de peso. Após certo tempo, a maioria das pessoas melhora certos parâmetros de saúde, ganham mais massa muscular, melhoram sua capacidade cardiovascular e ficam mais flexíveis. Mas não conseguem perder peso de forma alguma.

Acontece que nenhuma modalidade esportiva tem o poder milagroso de tornar a balança menos cruel na hora de se pesar, se o praticante é um comedor compulsivo. Acabamos de falar sobre isso. A reposição calórica é muito fácil, portanto, atividade física sem controle alimentar não serve para emagrecer, não importa qual e não importa quanto. Lembre-se que o seu corpo irá lutar para manter o seu peso atual, se você aumenta seu gasto calórico seu corpo irá compensar esse fato aumentando a sua fome.

As pessoas acabam comendo mais sem perceber, caso contrário, ao se matricular em uma academia de ginástica, 100% das pessoas deveriam estar mais magras em poucas semanas, considerando que se gasta ao menos umas 300 calorias em qualquer atividade, numa frequência de três vezes por semana, o que deveria gerar um déficit de 900 calorias por semana.

Mas o que vemos por aí é que existem inclusive atletas profissionais gordos, vemos isso no futebol, no handebol e em outras modalidades. E o que falar do sumô, esporte tipicamente praticado por glutões? A prática dessa luta requer um treino desgastante, e, sendo o praticante muito pesado, ocorre um considerável gasto de energia. Mesmo assim o atleta não emagrece, é planejado justamente um consumo de calorias muito elevado como forma de prevenir o emagrecimento.

O emagrecimento só acontece quando ocorre um controle do que se come. A exceção fica por conta do binômio exercício- -estilo de vida. Se for um atleta de maratona, e seu estilo de vida não permitir a reposição calórica, a pessoa será magra e se manterá assim enquanto for atleta e enquanto levar o mesmo estilo de vida. A pessoa que trabalha ativamente o dia todo, sem muito tempo para se alimentar razoavelmente, e ainda por cima realiza um treino extenuante quase diariamente, dificilmente conseguirá extrapolar nas calorias e consumir mais do que está gastando, e é isso que a torna e a mantém magra.

O exercício não precisa ser necessariamente intenso para exercer efeito emagrecedor. Apenas uma caminhada diária de meia hora pode ser suficiente, caso o praticante continue a se alimentar como fazia antes de adotar esse exercício. Mas, infelizmente, são poucos que conseguem essa proeza apenas com o exercício.

A resposta então é NÃO, a atividade física por si só NÃO emagrece ninguém. Ela é uma auxiliar no controle de peso, em alguns casos uma grande auxiliar, mas não é fator determinante, é apenas um dos pilares da boa saúde e do controle do peso corporal.

O PAPEL DA DIETA

No que concerne a dieta e exercício físico, se tivéssemos que dar um ponto referente à eficiência de cada um, daríamos 1 ponto para o exercício e 2 pontos para a dieta. Essa pontuação se justifica pelo fato de que várias pessoas praticam exercícios físicos regularmente e estão acima do peso, enquanto outras são absolutamente sedentárias e estão no peso ideal.

Um indivíduo acamado estando em dieta restritiva consegue emagrecer, enquanto uma pessoa que pratica exercícios sem dieta, não. Observe a escala de valores do quadro abaixo:

Medida adotada	Impacto sobre o emagrecimento
Atividade física	1 ponto
Dieta restritiva	2 pontos
Atividade física + Dieta restritiva	3 pontos

Está bem claro que a melhor atitude a ser tomada por quem realmente está preocupado com a sua saúde e determinado a emagrecer é aliar uma dieta restritiva à atividade física: os resultados serão mais rápidos, consistentes e duradouros.

É importante que essa decisão se torne um hábito de vida e não apenas uma medida emergencial, porque caso os velhos hábitos de sedentarismo e voracidade alimentar retornem, o peso corporal perdido também retornará.

QUAL A MELHOR ATIVIDADE FÍSICA PARA EMAGRECER

Considerando que emagrecer é uma simples questão de matemática, sendo necessário gastar mais do que se consome, qualquer atividade física serve. Isso é uma visão superficial e simplista, mas é assim que funciona no papel, até uma caminhadinha diária bastaria, caso a ingestão de calorias ficasse abaixo desse gasto. Já mostramos que, infelizmente, fora do papel as pessoas enfrentam um pouco mais de dificuldade. Temos à disposição inúmeras delícias em muitos momentos do dia, e a missão de comer apenas o suficiente é tarefa impossível para alguns.

A recomendação número um, sem sombra de dúvida, é encontrar alguma modalidade que desperte interesse e prazer. O alto índice de desistência aos esportes é justamente pelo fato de a pessoa não sentir prazer no que está fazendo. Mas apesar desses fatores individuais, existe um tipo de atividade que é universalmente conhecido por promover excelentes resultados em pessoas de qualquer idade, sexo e tipo físico: a musculação!

Se a ideia é perder gordura e adquirir músculos, nada mais lógico do que procurar a única atividade que é voltada exclusivamente para esse objetivo. Temos presenciado ótimos resultados em termos de mudança de composição corporal em pessoas com variados graus de adiposidade.

A musculação apresenta vantagens que nenhuma outra prática desportiva oferece: além de ser a mais segura de todas (baixíssimo índice de lesões comparadas a outras modalidades), e que não tem contraindicação para praticamente nenhuma pessoa (até mesmo pessoas doentes, debilitadas e amputadas podem praticá-la), ela deixa o corpo em estado permanente de metabolismo acelerado.

O metabolismo de um organismo é a velocidade com que ocorrem as reações bioquímicas necessárias para a manutenção da vida, como a produção de energia e a formação de novas células. Bom, cada órgão e tecido do corpo humano tem uma velocidade metabólica diferente, o que depende da sua função e de um grau de solicitação. As vísceras têm elevado grau de metabolismo, afinal não podem ficar inertes: nosso coração não pode parar de bater, os rins tem de filtrar o sangue permanentemente e os pulmões são igualmente solicitados sem descanso. O cérebro também é um órgão que é ininterruptamente requisitado, apresentando elevado gasto calórico.

Como todos nós temos esses órgãos, podemos dizer que o metabolismo das vísceras é muito parecido para todas as pessoas, havendo algumas diferenças individuais de acordo com o estilo de vida e a genética de cada um.

Os principais tecidos que formam nossa estrutura corpórea são o tecido ósseo, o tecido gorduroso e o tecido muscular. E é aí que entra a diferença. Se todos têm as mesmas vísceras, o mesmo não pode ser dito quanto à composição corporal. Existem pessoas que apresentam apenas 7% de gordura corporal, enquanto outras podem chegar a 40%, 45% ou mais.

Existem também pessoas que, apesar de parecerem muito magras e terem uma silhueta esbelta, são compostas por grande quantidade de gordura. É o caso das modelos profissionais, que são "falsas magras". Na verdade essas garotas apresentam elevada taxa de gordura corporal, já que, na tentativa de ficarem extremamente magras, acabam perdendo uma enorme quantidade de massa muscular. Apesar da aparência "magra", pois pesam bem menos do que o considerável saudável e tem uma silhueta esguia, sua relação entre massa muscular e massa gorda é péssima.

Essa diversidade de composição corporal entre as pessoas é que determinará um metabolismo mais ou menos acelerado. Além disso, modificamos nosso metabolismo cada vez que nos mexemos. E uma boa forma de se fazer isso é a prática regular de exercícios físicos.

Acontece que utilizamos calorias de duas formas: através do nosso metabolismo de repouso (energia gasta com as funções vitais) e do metabolismo energético (energia gasta com atividades como trabalhar e praticar esportes). O metabolismo de repouso é um gasto de energia "interno", enquanto o metabolismo energético pode ser chamado de "externo".

O metabolismo de repouso ou basal é responsável por 60 a 75% do nosso gasto energético diário, enquanto o gasto energético com atividade física representa de 15 a 30%. Cerca de 10% das calorias ingeridas são utilizadas justamente para digerir e absorver os alimentos.

Como podemos então aumentar o nosso gasto metabólico? Podemos aumentar os dois tipos de metabolismo, mas antes vamos ver o papel exercido pelos exercícios físicos, para depois voltarmos a essa questão: Existe um mito sobre a prática de exercícios físicos, inclusive entre vários profissionais da área de saúde. Esse mito é o de que apenas os exercícios aeróbios são recomendados para a perda de gordura corporal.

Quem faz esse tipo de recomendação obviamente não é um profissional de educação física, portanto, um leigo que não sabe muito bem sobre o assunto que se propôs a discutir. Vamos procurar esclarecer essa questão:

Metabolicamente falando, existem dois tipos básicos de exercícios, os aeróbios e os anaeróbios. Aeróbios são aqueles em que o consumo de oxigênio se estabiliza após alguns minutos de prática, permitindo que a atividade se estenda por um longo tempo, pois a intensidade é baixa ou moderada. Podemos incluir aí a caminhada, a corrida e as provas longas de ciclismo e natação.

Os exercícios anaeróbios são justamente o contrário, caracterizam-se por um elevado consumo de oxigênio num curto espaço de tempo: a intensidade é alta, o que não permite que o exercício se estenda por muito tempo sem intervalos de descanso. Incluímos aí as corridas de velocidade, provas curtas de natação, provas de levantamento de peso, e a maioria dos programas de musculação.

Os dois tipos de exercícios demandam um certo gasto calórico, que será maior ou menor conforme a duração e a intensidade do exercício praticado.

Quem pratica apenas exercícios aeróbios (principalmente se a duração do exercício exceder uma hora e a frequência semanal for grande), consome a própria massa muscular para produzir energia. Com menos massa muscular, ocorre desaceleração do metabolismo de repouso. Nesse caso o atleta se mantém magro porque o exercício em si já consome muitas calorias, e o metabolismo de repouso não influencia tanto assim no emagrecimento.

No caso das atividades chamadas anaeróbias, ocorre um duplo benefício: calorias são consumidas durante e após a prática porque, como o exercício é muito intenso, há a necessidade do organismo reparar as microlesões causadas nos tecidos, principalmente ao tecido muscular. Uma vez recuperado, o músculo aumenta de tamanho fazendo com que mesmo em repouso o gasto calórico seja mais elevado para mantê-lo. Ou seja, quanto mais musculosa a pessoa, mais calorias ela gasta em repouso. Você pode estar até dormindo, mas gastará mais energia à medida que o organismo trabalha para reconstruir e manter seus músculos!

São inúmeros os estudos comprovando a eficácia da musculação no trabalho de emagrecimento, datados desde a década de setenta. Um estudo de 12 semanas foi feito em 1999* visando comparar o efeito de vários procedimentos sobre a composição corporal. As pessoas foram divididas em três grupos, um grupo em dieta, outro com dieta e exercícios aeróbios e outro com dieta, exercícios aeróbios e musculação. Eis os resultados:

Grupo	Resultados
Dieta	69% do peso perdido foi em gordura e 31% em massa magra
Dieta + exercícios aeróbios	78% do peso perdido foi em gordura e 22% em massa magra
Dieta + exercícios aeróbios + musculação	97% do peso perdido foi em gordura e 3% em massa magra

* Kraemer, Volek e Keijo Hakkinen.

Em se tratando de perda de peso, é importante saber que o organismo humano nunca consegue perder gordura isoladamente. Quando emagrecemos, perdemos junto com a gordura uma variável parte de nossa massa muscular; aliás, sob o ponto de vista da sobrevivência da espécie, é muito mais interessante preservar o estoque de gordura, porque é um tecido que fornece mais energia e que exige menos manutenção metabólica pelo organismo do que o tecido muscular. Em caso de jejum, é muito interessante preservar o que fornece mais por menos. É claro que a evolução tratou logo de dar um jeitinho de colocar a estocagem de gordura em primeiro plano, e a construção de massa muscular em segundo, terceiro ou talvez quarto plano.

Quem emagrece sem se exercitar, exclusivamente controlando a ingestão de calorias, acaba por perder muita massa magra também, ficando com a silhueta menor, porém com o corpo todo flácido. Aliando a dieta a alguma atividade física, adquire-se melhor disposição e evita-se uma perda maior de massa magra, desde que não se exagere nos exercícios aeróbios.

BEM-VINDO AO QUINTO SABOR — GLUTAMATO MONOSSÓDICO, O PÓ DO APETITE

Alguém já ouviu falar de um quinto tipo de paladar? A palavra "umami" lhe é familiar? Aprendemos na escola que existem quatro tipos de sabores, o doce, o salgado, o amargo e o azedo. Então é natural que a maioria das pessoas ignore a existência de um quinto sabor, muito sutil e levemente diferenciado.

Resumidamente, podemos dizer que tudo começou em 1908, quando um professor japonês chamado Kikunae Ikeda conseguiu isolar e identificar uma substância que era a essência do *kombu dashi*, um caldo japonês preparado com algas marinhas. Essa substância era o glutamato, cujo gosto diferenciado ele denominou "umami", palavra que em japonês significa saboroso. Mais tarde a substância ficaria conhecida como o popular "Ajinomoto", que em alguns países é utilizado como tempero de mesa, assim como fazemos com o nosso sal de cozinha.

Essa substância tem a capacidade de realçar o sabor de alguns alimentos, tornando-os muito saborosos por estimular receptores da língua específicos para a identificação do sabor "umami". De posse dessa descoberta, a indústria alimentícia passou a utilizar o glutamato monossódico numa extensa lista de produtos (atualmente ele é utilizado em quase todos os alimentos industrializados, como sopas, temperos, enlatados, molhos, embutidos e congelados).

Esse tempero deriva de um aminoácido presente em proteínas vegetais e animais, o ácido glutâmico. Alguns poucos alimentos contêm naturalmente essa substância, como os tomates e os queijos. Desde a década de 1950 existem pesquisas sobre o efeito que o sabor "umami" causa nos alimentos e nos seus consumidores. Descobriu-se que vegetais e carnes em geral tem seu sabor melhorado, ao passo que o mesmo não acontece com outras classes de alimentos, como os cereais, os doces e o leite.

Sabe-se que o glutamato é abundante no leite humano, podendo chegar até a dez vezes mais do que o leite bovino. Não seria essa uma forma que a natureza encontrou para estimular o apetite do bebê?

Na década de 1960, no entanto, a substância foi responsabilizada pela denominada "Síndrome do Restaurante Chinês", que inclui ondas de calor, dor de cabeça, rubor facial, taquicardia, vômitos, oscilações de humor e rigidez no pescoço. Estudos posteriores não confirmaram essa associação de sintomas como o uso da substância, por isso ela continua liberada. Mas eventualmente ainda é associada a doenças degenerativas como o mal de Parkinson e mal de Alzheimer, e também a obesidade, alergias, asma e até mesmo câncer. Apesar de vez ou outra nos depararmos com alarmismos desse tipo, até agora nada prejudicial foi realmente comprovado, tanto é que o seu uso pela indústria alimentícia é liberado mundo afora.

O interessante é que o tempero por si só é quase insosso, mas ao ser adicionado a certos tipos de alimentos promove um efeito extremamente atrativo ao paladar, o que, claro, faz o consumidor comer mais. Quando condimentamos um alimento qualquer, estamos adicionando mais sabor, e dessa forma estimulando o consumo.

Aí está a sua relação com a obesidade, pois o gosto de um alimento está estreitamente relacionado com o seu consumo excessivo. Ninguém engorda comendo batata cozida sem tempero, embora isso seja teoricamente possível, simplesmente porque esse não é um alimento saboroso. Mas quantas pessoas não são viciadas em biscoitos, batatas tipo "chips" e coisas do tipo?

A questão do paladar é justamente um fator muito importante que influencia a perda de peso corporal numa pessoa muito idosa. Ao perder a sensibilidade dos receptores da língua, o idoso sente menos gosto dos alimentos, a comida vai ficando cada vez mais sem graça e a pessoa acaba por comer menos. É também por causa disso que pessoas muito idosas tendem a ser mais magras do que eram quando mais novas.

A intenção da indústria alimentícia, antes de mais nada, é justamente fidelizar seus clientes através do sabor; ele é considerado mais importante do que o preço, e até mesmo do que a matéria-prima e a higiene, ou seja, a qualidade final do alimento. Se o gosto e a apresentação forem bons, o preço não é tão importante quanto o do concorrente que apresente um sabor inferior, embora mais barato e talvez até mais higiênico. Se as pessoas tiverem dinheiro para adquirir o que for mais saboroso, elas o farão na maioria das vezes, não se importando de pagar um pouco a mais por isso. O papel primordial do alimento, que é nutrir, fica muitas vezes esquecido em função do sabor.

Quando algum especialista lhe recomenda priorizar uma alimentação natural, evitando comida industrializada, não pense que isso é importante apenas por questões nutricionais. É claro que alimentos frescos contém mais nutrientes como vitaminas, fibras e minerais, mas, além disso, você evita um condimento que vicia e que o leva a comer além da conta. Ao preferir frutas e verduras *in natura*, certamente você acabará por comer menos. Olho aberto!

APETITE ESPECÍFICO, NOSSA "BÚSSOLA" ALIMENTAR

Existe um conceito chamado "apetite específico". De acordo com ele, todos nós temos uma capacidade de identificar subjetiva e instintivamente os nutrientes dos quais necessitamos, quando temos variados tipos de alimento à disposição. Estudos feitos com crianças demonstraram que realmente existe uma capacidade de escolher com equilíbrio os alimentos do qual o organismo está necessitando no momento da refeição, principalmente os macronutrientes (carboidratos, gorduras e proteínas), e alguns micronutrientes, especialmente o ferro, o cálcio e o sódio. Existe também alguma evidência a respeito do cobre e zinco.

Mas também existem teorias que mostram que a alimentação industrializada, artificial, interfere negativamente no apetite específico, falseando a percepção que o nosso cérebro possa ter sobre a carência de algumas substâncias alimentares. Isso também é outra justificativa para se incluir ao máximo alimentos frescos e naturais, e minimizar sempre que possível a comida industrializada.

Vamos colocar aqui uma situação hipotética: Um dia ou dois em que você faça uma alimentação absolutamente natural. Nada de doces, nada de alimentos industrializados. Mas muitos legumes, frutas, verduras, grãos integrais, leite, ovos e carnes, tudo o menos condimentado e o mais variado possível. Nessas condições, certamente serão supridas, senão todas, ao menos boa parte dos macro e micronutrientes necessários, e justamente por isso o apetite específico não se manifesta, ou se manifesta muito menos e de forma controlada.

Agora vamos imaginar o outro lado da moeda, o tipo de alimentação nociva que muita gente vem fazendo por aí: refeições congeladas, doces, comida altamente condimentada e baixa oferta de produtos integrais e naturais. Facilmente é ultrapassada a cota de calorias e de sódio, ao passo que as demandas de vitaminas, fibras e minerais não são supridas. Essa dieta não causa doenças a curto prazo, como as avitaminoses, mas rapidamente pode levar a pessoa à anemia, ao colesterol elevado e às altas taxas de açúcar no sangue.

Mas o pior vem agora: Pode ser que o apetite específico fique se manifestando ao longo do dia, só que de forma algumas vezes descontrolada. Com todo o lixo alimentar consumido, talvez a privação de nutrientes dispare a fome numa tentativa de corrigir as carências de nutrientes. Assim a pessoa passa de uma refeição a outra consumindo calorias em excesso, mas sem atender às reais demandas de que seu corpo necessita.

Mas o organismo tende a corrigir a situação, então, assim que possível, seu hipotálamo dispara o gatilho da fome para ver se na próxima refeição você irá comer o que de fato seu corpo precisa. Quem se alimenta mal, acaba virando uma máquina de movimento perpétuo perfeita, garfada atrás de garfada! Quanto mais come mais quer comer, parece que nunca está satisfeito. E realmente, o que importa nesse caso não é o quanto se come, mas o que se come!

Esse fato sombrio é desconhecido pela maioria das pessoas que fica constantemente sentindo fome e não sabe o porquê. Esse é mais um fator que leva ao descontrole à mesa e contribui para a obesidade, outro voto contra a comida industrializada!

QUAL A FREQUÊNCIA IDEAL DAS REFEIÇÕES?

Uma estratégia muito errônea utilizada pelos gordinhos momentaneamente preocupados com seu excesso de peso é o jejum prolongado. Não raro, após uma farta e pesada refeição, essas pessoas visam compensar o seu descontrole alimentar permanecendo muitas horas sem comer absolutamente nada. Obviamente, como tudo o que o gordo faz para emagrecer, não funciona! Se essas práticas funcionassem, o gordo não seria gordo e, claro, não precisaria se preocupar com nada disso.

Vejamos o processo. Primeiro, há de se considerar o que seja jejum. Recorrendo mais uma vez ao dicionário Soares Amora, jejum é uma "prática religiosa que consiste na abstinência de alimentos em certos dias" ou "estado de quem não se alimenta desde o dia anterior". Assim, essa palavra nos remete à privação de alimentos por um período de tempo relativamente longo. Fica a pergunta: o que acontece com o corpo após ficarmos horas sem nos alimentarmos?

Depois de um considerável tempo sem se alimentar, a leptina plasmática circulante diminui. Como esse hormônio causa saciedade, quando a sua produção diminui, a fome começa a aparecer. A leptina atua como moduladora neuroendócrina, causando efeitos que trabalham contra a perda de peso, como a redução da atividade motora e queda dos níveis circulantes dos hormônios da tireoide. Com a diminuição da atividade motora e a queda desses hormônios, ocorre diminuição do metabolismo energético e basal. Quanto maior o período de jejum, mais se acentuam esses efeitos.

Traduzindo, ao reduzirmos a ingestão de calorias drasticamente, o organismo responde diminuindo o consumo de energia. Mais uma vez, esse é um mecanismo herdado dos nossos ancestrais que passavam horas e talvez dias sem se alimentar. Parece muito lógico o nosso organismo encontrar uma alternativa para essa situação adversa reduzindo sua atividade energética. Se mesmo sem obter alimento continuasse a trabalhar a todo vapor, entraria em colapso mais depressa.

É por isso que até que o alimento esteja disponível novamente, ocorre uma otimização metabólica, o corpo desacelera e se concentra apenas nas funções básicas de sobrevivência (até mesmo a função reprodutiva é suprimida com a baixa dos níveis de leptina).

Além desses fatores de desaceleração metabólica, a tendência é que se o jejum realmente for levado a cabo, ocorra um mecanismo compensatório de fome que levará a pessoa a comer dobrado na próxima refeição, inflando mais uma vez os adipócitos e frustrando o emagrecimento. Também é importante mencionar que jejum prolongado causa quebra do tecido muscular para produzir a energia que deveria vir dos alimentos. E, com menos massa muscular, nosso metabolismo desacelera ainda mais!

Como vemos, é uma verdadeira briga e quase sempre quem vence não é o jejuador! Para o jejum realmente dar certo, ele deve ser feito durante dias ou semanas seguidos e, ainda assim, cessada a privação, o antigo estilo de vida voltará e com ele toda a gordura perdida.

Todos nós, por um motivo ou por outro, já ficamos muitas horas além do normal sem nos alimentarmos. E todos nós sabemos o que acontece quando temos comida novamente à disposição:

comeremos em excesso e escolheremos o que de mais calórico estiver disponível! Nessa situação, nosso organismo tem de lidar de uma vez só com uma grande quantidade de alimentos, e o que acontece então?

Vamos fazer aqui uma analogia para demonstrar como o corpo lida com o excedente calórico advindo de uma só refeição: Imagine um carro com um tanque de combustível com capacidade para 40 litros. Se ele estiver totalmente vazio e tentarmos abastecê-lo com 41 litros de uma só vez, é claro que um litro será perdido, derramando do tanque, pois ultrapassamos o seu volume máximo. Mas se colocarmos 20 litros e andarmos um pouco (o suficiente para gastar ao menos 1 litro, ficando agora não com 20, mas 19 litros), para só então colocar mais 21 litros, nada será desperdiçado, não haverá derramamento para fora do tanque.

No corpo humano acontece algo parecido, porém, a palavra desperdício não entra na equação. Quando comemos acima de determinada quantidade, nosso "tanque de combustível" fica lotado, mas o restante é armazenado como gordura corporal. Esse nosso "tanque de combustível" são os músculos esqueléticos, o fígado e em menor quantidade a corrente sanguínea; uma vez abastecidos estes locais, o restante deve ser requisitado como energia imediata; caso contrário, irá se converter em gordura, inflando os adipócitos para formar gordura de reserva.

Sabemos que quando estamos com o apetite controlado, conseguimos saborear uma salada enquanto aguardamos o prato principal. Ao contrário, quando estamos famintos, nosso apetite por alimentos densos e calóricos fica aguçado; a tendência é nos direcionarmos a pratos muitos calóricos, já que o organismo interpreta essa situação como risco iminente à vida. Lá está de novo o mecanismo de apetite específico por pratos calóricos e o armazenamento de gordura corporal como garantia de sobrevivência do indivíduo.

Dessa forma, o jejum deve ser evitado por trabalhar contra o objetivo de emagrecimento. Grandes privações levam a grandes refeições, uma coisa anulando a outra e colocando a pessoa de volta ao ponto de partida, tornando o sofrimento do jejum totalmente desnecessário! Isso na melhor das hipóteses, pois algumas vezes esse mecanismo de compensação é tão forte que faz com que, após horas sem se alimentar, a ingestão de alimentos seja bem maior do que o normal: no final de determinado período, come-se mais do que se comeria se fosse mantido o intervalo regular das refeições.

É que nesse ponto entra em ação o apetite específico por calorias. Na verdade, nessa situação o apetite não tem nada de específico, pois qualquer alimento serve. Quem já ficou em jejum forçado por algumas horas sabe que até sopa de chuchu se torna um prato apetitoso. Você simplesmente devora o que vê pela frente!

Na contramão desse procedimento temos o consumo frequente de alimentos em intervalos de tempo muito curtos. É muito difundida a recomendação de que devemos nos alimentar de três em três horas, visando antagonizar todos esses efeitos negativos do jejum prolongado sobre o metabolismo. Toda vez que nos deparamos com matérias em revistas especializadas e reportagens na televisão, sempre estão lá os especialistas a difundirem essa prática alimentar. Ela funciona?

Bom, se não é recomendado ficar muitas horas sem comer, então ao nos alimentarmos frequentemente deveríamos obter os resultados esperados quanto ao emagrecimento, certo? Certo, se for feito corretamente! Mas na verdade é "meio certo" ou "errado" porque infelizmente não é isso o que acontece na maioria das vezes.

Realmente é muito interessante se alimentar periodicamente, pois esse procedimento, além de não ocasionar dilatação do estômago, não causa rompantes de fome por manter as taxas de glicose sanguínea sempre estáveis, tornando mais fácil o controle do quanto se vai comer nas grandes refeições. É óbvio que, ao se ingerir algo entre o café da manhã e o almoço, este último será mais leve, simplesmente porque a pessoa não estará com tanta fome. Nessa situação, todos os mecanismos de reposição das reservas energéticas corporais não serão acionados tão intensamente, e fica mais fácil se saciar com menos.

Porém, com o bombardeamento da informação de que comer várias vezes por dia em intervalos pequenos emagrece, os glutões têm um "aval científico" dos profissionais da área de saúde para ficar o dia todo comendo. E o resultado disso todo mundo já sabe. Comer de três em três horas, ou numa frequência parecida com isso, não é fazer uma refeição cada vez que for se alimentar. O procedimento de se alimentar para acelerar o metabolismo deve ser feito com poucas calorias, uma fruta, um copo de leite ou iogurte apenas, entre as refeições maiores.

Mas é claro, isso vai depender ainda do estilo de vida de cada um, certas pessoas sem dúvida poderão e deverão comer muito mais nesse mesmo espaço de tempo. São as pessoas que têm um estilo de vida muito ativo e que consomem muitas calorias durante o dia, como um operário da construção civil, um repositor de mercadorias de um grande supermercado e coisas do tipo. Você se enquadra nessa categoria?

A recomendação de nos alimentarmos de três em três horas deveria ser seguida da frase: "Porém, coma pouco". O que acontece na maioria das vezes é que não somos esclarecidos sobre o que e o quanto comer; somos orientados a realizar refeições frequentemente e ao fazermos isso perdemos o controle sobre a quantidade de calorias diárias ingeridas.

É muito simples, no final das contas o que emagrece é comer menos do que se gasta. E só. Se forem estipuladas 2.000 calorias para emagrecer, é esse valor que deve ser consumido. Teoricamente, se essas calorias forem consumidas em mais refeições (de três em três horas), melhor, porque o autocontrole sobre a fome será mais fácil. Mas, de qualquer forma, mesmo que se coma tudo isso de uma só vez, o emagrecimento estará garantido.

Agora, se for para comer tudo que se tem vontade, tudo o que estiver à disposição o dia todo, certamente o consumo calórico ultrapassará o limite para emagrecer. E é isso o que sempre acaba acontecendo com as pessoas que se preocupam em se alimentar de três em três horas.

COMPORTAMENTO APRENDIDO – A OBESIDADE COMEÇA NA INFÂNCIA E DENTRO DE CASA

Para nós que vivemos em sociedade, tudo é uma questão de hábito. Cada sociedade tem os seus e desde que nascemos somos gradualmente iniciados nos costumes do nosso país, da nossa região e, em especial, do nosso lar.

A língua que falamos, as roupas que vestimos e muito do nosso comportamento são adquiridos de acordo com os modelos que temos a nossa disposição. Tudo o que vemos ao nosso redor acaba por nos influenciar de certa forma. E isso também é valido para os hábitos alimentares e até mesmo para a forma como lidamos com o alimento, tudo isso é em parte influenciado pelos comportamentos que vemos e aprendemos a nossa volta.

O comportamento aprendido é muito influente nas nossas vidas, principalmente em se tratando da questão alimentar. Por exemplo, uma pessoa que adora um cafezinho logo de manhã poderá detestá-lo no período da noite. Veja bem, o produto é o mesmo e o paladar também, mas a situação não, e isso faz toda a diferença, pois geralmente não criamos o hábito de tomar café à noite, e sim logo de manhã, até mesmo pelo efeito estimulante da cafeína.

E, por uma questão de hábito, não assamos pizza no café da manhã, e não ficamos satisfeitos comendo apenas alimentos doces no horário do almoço. Esse é o poder do comportamento aprendido! Uma coisa que nos deixa felizes e satisfeitos em determinado horário simplesmente é repelida se nos for oferecida em outro período do dia.

Como cada país, cada sociedade e cada lar cria para si comportamentos em relação às refeições e ao alimento, a criança obviamente será o reflexo do que aprendeu (ou do que não aprendeu) em relação a isso. Geralmente quando vemos uma criança obesa, seus pais também o são; a sociedade se acostumou a ver isso como uma fatalidade de ordem genética. Mas sabemos agora que a obesidade tem tudo a ver com educação alimentar e hábitos saudáveis; portanto, essa situação nada tem de normal. Repetimos: o formato do corpo pode ser um fator puramente genético, seu tamanho nem tanto!

Será que se esse filho obeso passasse um ano fora de casa, vivendo sob circunstâncias totalmente diferentes, seu corpo não sofreria uma considerável transformação? Esse mesmo garoto, com uma vida mais ativa, alimentação saudável e com horários disciplinados teria o mesmo corpo? Afirmamos com 100% de certeza que não!

Estudamos algumas dezenas de garotos que fizeram intercâmbio em outros países. Em todos os casos os hábitos alimentares e estilo de vida tiveram impacto na gordura corporal, não se importando muito com o "Judas" dos obesos, que é a questão genética. Todos os estudados eram adolescentes (que normalmente requerem mais calorias do que um adulto por quilo de peso, por estarem em fase de crescimento estrutural).

E, ainda assim, aqueles que viveram meses em países com altos índices de obesidade, como os EUA, ganharam quilos extras de gordura, que destoaram da quantidade de peso que vinham ganhando nos anos anteriores. Da mesma forma, aqueles que foram obrigados a adotar uma vida mais ativa, e não se adaptaram bem à alimentação local, perderam peso. Existem ainda aqueles que conservaram o mesmo comportamento moderado em relação ao alimento, e se mantiveram com o peso estável.

Quando comparamos os níveis de gordura corporal dos filhos com seus pais, geralmente encontramos uma relação de equidade, que pode até parecer óbvia quando vista puramente como uma questão genética. Essas comparações podem reforçar a teoria da genética para o ganho de peso em gordura, mas o que dizer de filhos adotivos? Quando comparados os índices de massa corporal de crianças adotadas com os seus pais, após anos de convívio, observa-se um grau de semelhança muito alto. Isso demonstra a forte influência do meio externo (influência cultural) sobre a nossa bagagem genética.

Muitas vezes também são comparados casais, tendo como resultado graus semelhantes de obesidade. Isso revela muito mais a obesidade como consequência do estilo de vida do que com questões genéticas. Uma outra explicação seria uma certa tendência de pessoas gordinhas casarem entre si.

Conheci uma criança obesa que tem por hábito um café da manhã que poderíamos chamar de bizarro: três pães recheados com muita maionese e *ketchup*, acompanhados de alguns copos de refrigerante. Sem a mínina noção de critério, a culpa nunca é da criança, pois ela se alimenta apenas daquilo que tem à disposição, tanto quantitativa quanto qualitativamente. A criança obesa que citamos seria menos obesa se tivesse à disposição apenas dois, em vez de três ou mais pães no café da manhã. Também seria mais magra se não tivesse refrigerante à vontade, mas apenas leite ou suco natural.

O problema é que as crianças comem o que os pais comem, ou, pelo menos, o que os pais compram. Crianças obesas são filhas de pais obesos porque têm os mesmos hábitos alimentares. E também a mesma atitude de descaso ou mesmo abominação em relação à atividade física.

Esse modo de lidar com a comida têm bases na mais tenra infância. Vez ou outra, presenciamos criancinhas e até bebês de colo mamando refrigerante! Como o paladar para o doce inicialmente é mais agradável do que para o salgado, os pais muitas vezes escolhem o caminho mais fácil. Assim, evitam as birras e "alimentam" seus filhos de forma rápida e muito menos trabalhosa.

Esse hábito vai sendo formado pouco a pouco, e se reflete na criança que detesta alimentos naturais, pois seu paladar foi moldado da forma errada. Quando esse bebê atinge alguns anos, já é muito complicado reverter seu modo de encarar os sabores. E de quem é a culpa?

Como culpar a criança por não gostar de legumes e frutas, se desde bebê ela foi incitada a tomar refrigerante, comer chocolate e batata frita? Mais tarde, ao ser apresentada a alimentos mais saudáveis, logicamente ela não irá gostar. Como tudo o que acontece na infância, esse comportamento irá se refletir por toda a vida, dificultando a escolha alimentar correta.

A criança obesa é vítima dos seus responsáveis, tanto os pais quanto as outras pessoas envolvidas com a sua alimentação, como parentes e dirigentes de creches e escolas. Mas ela ainda é uma criatura em formação e, apesar de tardia, uma intervenção saudável renderá bons frutos. Estimule seus filhos à prática de esportes, a uma vida mais ativa!

Para aquelas acostumadas à má alimentação, não adianta radicalizar: a mudança deve ser feita bem lentamente. Inicialmente modere as quantidades do que seu filho come, sem necessariamente alterar a qualidade. Após se acostumar a consumir menos, a criança obesa vai se enquadrar em padrões mais razoáveis de peso corporal.

Nesse sentido, o médico pediatra e/ou nutricionista devem ser sempre consultados para fazer o acompanhamento adequado. Na segunda etapa, a criança deve ser apresentada a alguns itens saudáveis, estimulada a comer folhas, frutas e legumes. Mas isso de nada adiantará caso os pais não mudem também os seus hábitos. A criança questionará o porquê de eles também não adotarem essa alimentação que lhes é proposta.

Percebam que não há nenhum problema em tomar sorvete ou comer chocolate de sobremesa, desde que isso não permaneça um hábito diário, e que sejam servidas pequenas quantidades. Assim como a alimentação do adulto, a alimentação da criança deve ser variada, e nessa variação cabe espaço para ocasionais guloseimas. Existe uma interessante pesquisa cujo resultado final responsabiliza os pais sobre a gordura dos filhos de outra maneira. Foi atestado que mães que apresentam histórico de depressão ou transtornos alimentares, e também pais muito severos, têm uma tendência a ter filhos com maior risco de padrões alimentares inadequados. Pais que são muito rígidos com o horário das refeições, que controlam rigorosamente a quantidade e a qualidade da comida, criam uma tendência a dificultar que a criança experimente alimentos diferentes do habitual. Assim a criança tende a valorizar o proibido, as guloseimas tornar-se-ão objeto de desejo, sendo este um comportamento que poderá permanecer para sempre, muitas vezes de forma inconsciente.

Pesquisas também nos mostram que a falta de estrutura familiar também tende a gerar crianças com paladar seletivo. O significa paladar seletivo? É o comportamento da criança que sempre recusa certos tipos de alimento, podendo chegar a casos extremos. É claro que existem preferências alimentares que devem ser respeitadas, sem prejuízo à saúde, mas estamos nos referindo a crianças que rejeitam permanentemente todas as frutas, legumes e verduras, ou seja, vegetais em geral.

Crianças que consomem muitos alimentos ricos em sódio, gorduras saturadas, gorduras hidrogenadas, gorduras trans e carboidratos refinados (farinha branca e açúcar) desenvolvem variados graus de carência de micronutrientes, que são as vitaminas e os minerais. Certamente essas carências terão um impacto negativo na sua saúde, notadamente no aspecto de desenvolvimento e crescimento. Geralmente essas crianças apresentam consumo inadequado de vitaminas D e E, cálcio e zinco.

Mas seletividade alimentar só tem importância quando realmente é radical e possa interferir no estado nutricional da criança, gerando carências alimentares que acarretam patologias. Na grande maioria das vezes, esse quadro é apenas transitório, inerente apenas a uma fase da vida da criança, sem impacto significativo para a saúde. Sabendo disso, é importante destacar que a impressão de que muitas vezes é a criança que acaba dando a palavra final sobre o que comer, o que muitas vezes não é impressão e sim uma realidade, não necessariamente significa que ela se alimenta mal. Mas aí é que entra o bom senso dos pais, pois se ela só escolhe guloseimas, seu apetite e paladar estão deturpados por algum motivo.

Na ânsia em fazer com que seu filho coma, acreditando que ele está subalimentado, cuidado com o que irá lhe oferecer em substituição, pois a criança é muito inteligente e associará que, se recusar a primeira opção, fatalmente lhe será ofertado o que ela gosta.

Observa-se que a seletividade alimentar branda é mais comum em crianças hiperativas, iniciando-se entre os dez meses de idade, em qualquer nível socioeconômico. Considera-se essa seletividade um quadro normal do desenvolvimento da criança, mas que em condições familiares não desejáveis pode se agravar bastante, e aí sim torna-se preocupante por acarretar consequências mais graves.

ANTICONCEPCIONAIS, GLÂNDULA TIREOIDE E OUTROS BODES EXPIATÓRIOS

Além da questão da "herança genética", outros fatores já se tornaram clássicos quando o gordinho procura algum fator no qual possa colocar a culpa pelo seu sobrepeso. Famosíssimos bodes expiatórios dos gordinhos e gordinhas são os anticoncepcionais e o hipotireoidismo, este último se referindo ao metabolismo lento. É mais fácil um gordinho confessar um crime hediondo do que admitir que ele está nessa condição devido única e exclusivamente ao fato de ele comer excessivamente. Parece que ninguém come além da conta, a culpa é sempre de algum fator independente e que a pessoa não pode controlar.

Mas o que tem de verdade nisso tudo? É mesmo possível uma pessoa que come pouco engordar? Vamos procurar desvendar os caminhos que levam as usuárias de anticoncepcionais e também as pessoas com baixos níveis do hormônio da tireoide a engordar. Assim teremos uma base mais sólida para julgar o verdadeiro grau de influência desses fatores sobre a obesidade.

Em primeiro lugar, vamos esclarecer uma coisa: não existem pessoas gordas e, muito menos pessoas obesas, que tenham o metabolismo lento. Quanto maior um organismo, maior será o seu metabolismo, porque somente para a manutenção do tamanho corporal é exigida uma quantidade enorme de energia. Já dissemos que, de tudo o que comemos, cerca de 10% da energia é gasto para a digestão e absorção. O gasto com atividade laboral (trabalho) ou de lazer (atividade esportiva), varia de 15 a 30%, e o restante das calorias consumidas, que são 60 a 75%, são gastas para a manutenção do organismo, ou seja, para a conservação do seu tamanho. Resumindo, quanto maior, maior o metabolismo, e ponto final.

O que pode acontecer é que uma pessoa gorda consuma as mesmas 4000 calorias de uma pessoa magra. Aí entra a pergunta: "Se as duas consomem o mesmo montante, o fato de uma delas ser gorda não sugere um metabolismo mais lento? Não, sugere APENAS que uma delas é fisicamente muito ativa, enquanto a outra é absolutamente sedentária.

Uma pessoa gorda exige muitas calorias para a manutenção dos seus tecidos corporais e energia para bombear sangue para esse volumoso organismo. Cada vez que ela se movimenta, muita energia é gasta, muito mais do que se ela tivesse menos peso. E, com uma área corporal maior, maior é a perda de calor para o meio ambiente.

O ser humano apresenta duas temperaturas, a central e a periférica. A temperatura periférica mais extrema é a cutânea, ou seja, a temperatura da pele. Quando a temperatura do corpo está mais elevada do que a do ambiente a sua volta, perdemos calor por irradiação: emitimos raios infravermelhos, radiação eletromagnética que todos os objetos emitem e recebem, inclusive o corpo humano. Imaginem um obeso trabalhando numa sala fechada, suando. Seu corpo obviamente está mais quente que os objetos à sua volta, portanto, perde calor para esses objetos. Sendo enorme, seu corpo perderá mais calor do que uma pessoa magra, já que tem maior superfície de pele, ou seja, agente emissor.

Ocorre ainda perda de calor quando tocamos algum objeto (condução): um gordinho irá transferir mais calor para onde estiver sentado ou deitado do que uma pessoa magra. Pelo ar, quanto mais superfície corporal, mais calor será perdido. E finalmente, através da evaporação da pele, que ocorre quando o meio externo está mais quente do que a temperatura do corpo.

Todos esses fatores fazem o obeso perder muita energia, e realmente ele tem que comer demais para se manter com o mesmo peso, caso contrário o próprio volume corporal faria com que ele perdesse algum peso, inicialmente até mesmo com um mínimo de exercício isso aconteceria.

Pronto, vamos esquecer esse papo de metabolismo lento. Vejamos agora as pílulas anticoncepcionais:

Como outras drogas farmacológicas, os anticoncepcionais apresentam reações diferentes em cada pessoa. Dentre essas reações estão os efeitos colaterais, que podem, ocasionar retenção de líquidos e aumento do apetite, principalmente apetite por doces. Como podemos ver, começa aqui o primeiro empecilho: incapacidade de controlar um desejo.

Algumas mulheres podem alegar que controlar o apetite nessas circunstâncias é difícil, e realmente pode ser. Mas uma coisa é sentir-se atraída por doces, e comer alguma quantidade extra, outra bem diferente é se entupir deles achando que isso é normal por ser efeito colateral de um fármaco, e que nenhum preço terá de ser pago por isso.

Aumento do apetite não é licença para se banquetear sem limites. Pessoas de bom senso sabem como substituir algum item da alimentação para satisfazer um desejo momentâneo, sem comprometer seu peso corporal, pelo menos não de forma relevante. Caso não fosse o anticoncepcional, a desculpa seria outra qualquer, porque, em primeiro lugar, quem não gosta de doces não passará a gostar apenas por causa de "efeito colateral". Em segundo lugar, se isso fosse uma regra, toda mulher que utiliza anticoncepcionais estaria fora de forma, o que não corresponde de forma alguma à realidade.

Quanto ao hipotireoidismo, afirmamos que essa condição não torna ninguém diretamente gordo, embora possa ter influência indireta sobre o sobrepeso corporal. Essa condição nunca pode ser considerada fator isolado de causa da obesidade. Vejamos:

A tireoide é uma glândula situada na parte anterior do pescoço, abaixo do pomo-de-adão. Ela produz hormônios que afetam a maioria dos órgãos, incluindo o coração, cérebro, fígado, rins e pele. O hipotireoidismo é uma condição em que em 95% dos casos essa glândula não produz hormônio, a tiroxina. Os cinco por cento restantes se devem a um problema na hipófise, que não produz o TSH, hormônio que estimula a hipófise a trabalhar.

Os hormônios da tireoide são os responsáveis pela regulação do metabolismo, a taxa metabólica basal, (TMB), que é o nosso metabolismo de repouso. Quando esses hormônios estão elevados, o metabolismo se acelera, mas com baixas taxas desse hormônio, o metabolismo se reduz e gastamos menos calorias em repouso.

Além disso, a pessoa fica deprimida, se sente desanimada e sem energia. Por conta disso, pode passar a comer mais e a levar uma vida sedentária, e são esses os fatores que podem representar verdadeiramente um perigo à boa forma física. No hipotireoidismo, a maior parte do ganho de peso adquirido é de água retida e não de gordura corporal, até porque algumas vezes ocorre redução do apetite, o que faz com que a ingestão de calorias seja menor.

Antes do aparecimento de outras alternativas farmacológicas (que também não são indicadas para emagrecer), o hormônio tireoideano era utilizado com fins de emagrecimento, no que se mostrou muito eficiente, sendo inclusive utilizado por atletas. Mas, como não existe mágica, o emagrecimento vinha acompanhado de sérios efeitos colaterais, como insuficiência e arritmias cardíacas, fragilidade óssea, que algumas vezes levava a fraturas, e perda acentuada de massa muscular. O tecido muscular é um grande auxiliar para o aumento da taxa metabólica basal, portanto, quanto mais músculos, melhor! Quando a terapia hormonal é descontinuada, o metabolismo desacelera e com isso a pessoa volta a engordar rapidamente.

Assim, o uso desse hormônio só deve ser feito para normalizar a função da tireoide, e nunca para causar emagrecimento por meio de dosagens suprafisiológicas. A terapia medicamentosa com essa finalidade tornará a glândula "preguiçosa", podendo interromper a produção natural desse hormônio de forma definitiva, tornando o usuário depende do remédio para sempre.

Um grande número de estudos mostra que a alta atividade da tireoide contribui muito para o emagrecimento, mas que a sua baixa atividade influencia muito pouco no ganho de peso. Pessoas com hipertireoidismo tendem a perder peso numa proporção muito maior do que os pacientes com hipotireoidismo tendem a ganhar peso!

No que diz respeito à tireoide, é muito mais aceitável existirem pessoas que comem em excesso e não engordam, do que pessoas que engordam consideravelmente comendo pouco; o problema está intimamente relacionado com o sedentarismo absoluto e a extrema gula. A gordura não aparece do nada, ela tem necessariamente que vir do alimento ingerido, que é a matéria-prima para a sua síntese. O quanto disso vai ser gasto é com você!

Traduzindo, baixos níveis de hormônios da tireoide NÃO são os responsáveis pela taxa de gordura corporal elevada! O hipotireoidismo causa desaceleração metabólica, resultando num menor gasto de calorias, e causa ainda retenção de líquidos, porém, esse efeito não é assim tão drástico. O metabolismo de organismo vivo deve manter um mínimo de eficiência, e esse mínimo é próximo de um metabolismo normal. De resto, a própria pessoa é responsável pela sua velocidade metabólica. Quem passa o dia trabalhando sentado requer pouca produção de energia. Some isso ao sedentarismo e teremos um metabolismo "lento", não por culpa do organismo em si, e sim pelo estilo de vida adotado.

Apenas um percentual mínimo de pessoas sofre de hipotireoidismo grave, que leva por si só a um ganho de gordura corporal elevado. Nesses casos, quando corrigido o problema, observa-se uma perda de peso de cerca de até 10% do peso total da pessoa. Assim, uma pessoa com 110 kg de peso corporal passaria a pesar 100 kg, menos gorda, mas ainda gorda! A baixa hormonal, embora contribua, tem pouco peso na questão da obesidade.

Indivíduos obesos com a tireoide "preguiçosa", mesmo com correção hormonal, continuam obesos; às vezes não perdem sequer um único quilo de gordura corporal. Se esse fosse o único vilão da história, ou pelo menos o principal, seria um problema muito fácil de ser corrigido, pois o tratamento para o hipotireoidismo é barato e muito simples, feito por reposição hormonal via oral.

Por outro lado, se extrairmos um ou mais dentes dessas pessoas, impedindo-as de se alimentar como gostariam durante alguns dias, elas emagreceriam. Fizemos uma pesquisa com dentistas que tratam pacientes com hipotireoidismo. Houve unanimidade em afirmar que invariavelmente um ou mais dentes extraídos causam perda de peso, já que a necessidade de cicatrizar a gengiva impede a pessoa de comer normalmente, pois poderá romper os pontos.

A subsequente dor, ou a necessidade de se alimentar apenas com líquidos para que os pontos dados no local da extração não se soltem, obrigam o paciente a ficar alguns dias sem se alimentar como gostariam. E sem as calorias de costume, o organismo emagrece sem se importar com anticoncepcionais ou tireoides.

Essa é a prova de que embora algumas condições possam atrapalhar um pouco o processo de emagrecimento, todo mal é causado pelo que comemos e pelo descaso com que o problema é tratado!

A OBESIDADE COMO CONSEQUÊNCIA DE DOENÇAS: SÍNDROMES GENÉTICAS, METABÓLICAS E ENDÓCRINAS QUE INFLUENCIAM A COMPOSIÇÃO CORPORAL

Até agora vimos como o excesso de alimento é o fator causador de obesidade na população. Aprendemos como sorrateiramente o excesso de peso vai se instalando em nossos corpos de maneira gradual e algumas vezes até sutil. Mas será que é só isso? Não existiria mais nada que influenciaria esse processo, além do descontrole alimentar?

Pois bem, existem algumas síndromes genéticas que também podem causar a obesidade; antes que qualquer obeso sequer pense em colocar a culpa nessas síndromes, é bom saber que essas manifestações ocorrem em idade precoce e estão associadas na literatura médica com baixa estatura, alterações dismórficas (formas diferenciadas de partes do corpo de um indivíduo em relação aos outros seres da sua espécie) e alterações glandulares. Além disso, observa-se variados graus de retardo do desenvolvimento mental em quase todos os portadores dessas síndromes. Enfim, são uma série de manifestações patológicas associadas, que não apenas o excesso de gordura corporal.

Como vemos, apenas uma minoria da população, aliás pouquíssimos casos, é que poderiam ser classificados como obesidade patológica derivada dessas doenças, e não em função de excesso de calorias pura e simplesmente. Iremos citar as doenças mais insidiosas e mostrar o que a medicina moderna sabe sobre seus mecanismos de ação e suas consequências.

Existe uma doença conhecida por Síndrome de Bardet-Biedl (SBB), que é um transtorno associado à obesidade cuja manifestação acontece já nos primeiros anos de vida, afetando tronco, coxas e braços. Setenta e cinco por cento dos portadores adultos são obesos. Um estudo realizado em 2003 analisou e comparou o metabolismo dos portadores dessa síndrome com não portadores, com grau de obesidade semelhante; não houve diferença na composição corporal e no metabolismo energético desses dois grupos, sugerindo que a influência dessa doença, apesar de relacionada com a obesidade, não causa alterações no metabolismo energético.

A síndrome de Alström (SAL) é causada por uma mutação no gene ALMS1, levando a obesidade, surdez neurossensorial, distrofia retiniana, hipertrigliceridemia, resistência à insulina e diabetes tipo II. O bebê portador manifesta hiperfagia (aumento do apetite com alimentação excessiva), com consequente aumento de peso já no primeiro ano de vida. Daí logo progride para a obesidade infantil, em quase 100% dos casos. Embora essas crianças apresentem peso adequado ao nascimento, observa-se ganho de massa corporal muito acelerado nos três primeiros anos, com início por volta de um ano e meio de idade. Quando adolescentes, essas crianças geralmente perdem um pouco de peso, mas persiste a resistência à insulina, evoluindo para o diabetes.

A síndrome de Cohen é uma doença cujo mecanismo patogênico ainda não é muito bem esclarecido. Causa obesidade, hipotonia, flacidez das articulações, microcefalia, retardo mental, alterações oftalmológicas e características faciais diferenciadas (ponte nasal alargada, incisivos frontais proeminentes, hipoplasia maxilar, palato ogival e fissuras palpebrais oblíquas). O peso médio ao nascimento é considerado muito normal, por volta de 2,8 kg. Durante a infância, entretanto, há exagerado ganho de peso, principalmente na região do tronco. As pernas e braços são geralmente magros em comparação ao restante do corpo. A frequência de obesidade nesta síndrome não é muito alta, atingindo um máximo de 30% dos portadores.

Na osteodistrofia hereditária de Albright (OHA), ocorre obesidade, baixa estatura, pescoço curto e face arredondada, encurtamento de metacarpos e metatarsos, encurtamento e alargamento das falanges distais e calcificações subcutâneas. Os portadores geralmente apresentam retardo mental leve e anormalidades endócrinas envolvendo a tireoide e as gônadas (ovários e testículos). A relação dessa síndrome com a obesidade ainda não é bem definida, mas sugere menor sensibilidade à estimulação do Sistema Nervoso Simpático para a utilização de gordura. Indivíduos portadores apresentam níveis baixos de noradrenalina na urina, concomitantes com baixa atividade simpática. É possível que a desregulação das vias autonômicas no SNC possa causar a obesidade.

Temos também a síndrome de Prader-Willi (SPW), defeito genético, com incidência de 1 a cada 25.000 nascimentos; é considerada a forma mais vulgar de obesidade sindrômica. Os lactentes portadores sofrem com hipotonia muscular, o que causa dificuldade de sugar e deglutir; consequentemente apresentam baixo peso e pequena estatura. Por volta dos dois a quatro anos de idade, manifesta-se a hiperfagia (superalimentação, compulsiva e descontrolada nesse caso), e com ela a obesidade. Ocorre deficiência de hormônio de crescimento e hormônios sexuais, sugerindo disfunção do hipotálamo. A SPW apresenta níveis séricos de grelina aumentados; como já foi visto, a grelina estimula o consumo alimentar.

A síndrome de Angelman (SAN) é um distúrbio com prevalência estimada de uma a cada 10.000 ou uma a cada 20.000 crianças, levando ao retardo mental grave, comprometimento ou ausência da fala, crises epiléticas, retardo psicomotor e comportamento expansivo com riso frequente e inadequado. Nas crianças que já andam, observamos hipotonia muscular com movimentos imperfeitos e trêmulos, resultando em andar desequilibrado. Cerca de 33% dos portadores de uma variação dessa doença, e 60% dos portadores de outra variação, apresentam índice de massa corporal acima do saudável.

Na síndrome de Börjeson-Forssman-Lehmann (SBFL) temos deficiência mental severa, epilepsia, hipogonadismo, hipometabolismo, obesidade e acúmulo de tecido subcutâneo facial. Especula-se que um defeito do desenvolvimento do Sistema Nervoso Central poderia ter o potencial de afetar os núcleos do hipotálamo responsáveis pelo controle de energia. Isto seria responsável pelo metabolismo lento, e resultaria em obesidade.

A síndrome MEHMO é uma síndrome genética associada à obesidade. Traduzindo o significado de sua sigla, ela significa retardo mental, convulsões epiléticas, hipogonadismo, hipogenitalismo, microcefalia e obesidade. Parece ser uma doença mitocondrial; a mitocôndria é a "usina de força" das nossas células. O ganho de peso inicia-se muito cedo nos portadores, sendo a expectativa de vida menor que dois anos.

Temos ainda a síndrome de Cushing, que causa obesidade central (tronco e abdome), de início súbito, envolvendo ainda a face ("moon face" – face de lua) e o pescoço. Esse distúrbio é causado pelo excesso de cortisona (hormônio produzido pela glândula suprarrenal), quando as glândulas suprarrenais ou a hipófise apresentam tumores (normalmente tumores benignos), ou quando cortisona ou anti-inflamatórios esteroides são administrados por períodos prolongados.

Quem usa determinadas medicações para problemas das vias respiratórias ou da pele pode desenvolver essa síndrome sem se dar conta de que é um efeito colateral da droga prescrita. A gordura corporal é aumentada na região do tronco e parte posterior do pescoço, dando o aspecto de uma "bola" na nuca. As maçãs do rosto também são locais comuns para a deposição de gordura, ficando avermelhadas e muito redondas.

A síndrome de Cushing também ocasiona perda muscular nos braços e pernas, tornando a aparência física ainda pior. Alguns casos são marcados ainda por fraqueza e cansaço sem causa aparente. Nas mulheres com tumores nas suprarrenais, ocorre aumento da pilosidade em todo o corpo, até mesmo na face, calvície típica masculina, perda do volume dos seios e alteração no timbre da voz.

Essa síndrome não é genética, e infelizmente os tumores citados não têm nenhuma forma de prevenção, embora possam ser operados quando diagnosticados com certa antecedência. Se for de origem medicamentosa, regride à medida que as drogas são descontinuadas.

Outra presumível causa de excesso de peso ou obesidade é a relativamente comum síndrome do ovário policístico. Essa é uma doença endócrino-metabólica que atinge até 10% das mulheres adultas, podendo chegar a 8% entre as adolescentes. Apesar de relatos de pacientes noticiando aumento de peso após o diagnóstico da doença, a literatura não oferece consenso sobre essa questão. Não se sabe com precisão se é essa síndrome a causadora do excesso de peso ou se o aumento de peso é que agrava a doença. Existe uma estatística relatando que 40 a 50% das mulheres que apresentam a síndrome do ovário policístico são obesas e apresentam as patologias associadas a essa condição.

De qualquer forma, os ganhos não são expressivos e a doença, embora possa ser um fator agravante, não pode nem de longe ser considerada causadora isolada de sobrepeso.

Por fim, o que podemos dizer é que a literatura especializada nos mostra que a ciência médica ainda não elucidou com clareza todos os aspectos envolvidos nessas doenças. Algumas outras classes de drogas também podem levar ao aumento de peso corporal, a exemplo de medicamentos para epilepsia e alguns antidepressivos. Mas de qualquer forma, seja por doenças ou como efeito colateral de medicamentos, essas são sempre situações muito específicas, que nada tem a ver com a grande maioria dos casos de obesidade e sobrepeso que vemos hoje em dia. E, ainda assim, estão intimamente relacionados com o aumento do apetite. Repetimos: a matéria sai da matéria, a gordura não se gera do vácuo – ela vem do alimento, e sua porta de entrada é a boca!

HIPERTIREOIDISMO E EMAGRECIMENTO

É muito mais fácil acelerar do que desacelerar o metabolismo. Isso acontece porque a diferença entre um metabolismo normal e um baixo não pode ser tão grande, simplesmente pelo fato da pessoa estar viva, o que de qualquer modo requer um mínimo de eficiência. Se o metabolismo ficar baixo demais, nossas ações seriam bem próximas as de uma tartaruga. No hipertireoidismo, ao contrário, ocorre uma condição fisiológica em que o metabolismo é acelerado de forma a ficar muito mais rápido do que um metabolismo normal. Nessa patologia a pessoa sofre fortes alterações na composição corporal, o metabolismo pode acelerar de tal forma que, além de perder gordura, a pessoa também perde muita massa muscular. A maioria das pessoas desenvolve bócio, denunciado pelo aumento da parte anteroinferior do pescoço. Ocorrem ainda sintomas como pele quente e umedecida, insônia, unhas e cabelos quebradiços e um enorme apetite. Uma pessoa que, além de produzir hormônio da tireoide em excesso, ainda tiver menos adipócitos, torna-se praticamente "imune" à obesidade. Esse é um exemplo de como uma pessoa pode comer muito e, além de não engordar, ainda pode emagrecer, ao contrário do balofo mentiroso, que diz que engorda só de olhar para a comida.

A CIRURGIA ANTIOBESIDADE

De acordo com a Sociedade Brasileira de Endocrinologia e Metabologia, são 18 milhões de brasileiros obesos. É isso mesmo, não é acima do peso não, é obeso mesmo! E, dentre os obesos, existe a figura radical do obeso mórbido.

Para esse tipo de pessoa que não consegue manter a boca fechada, criou-se uma forma alternativa de bloquear a entrada de comida no organismo: reduzir o estômago. O Brasil é o vice-campeão do mundo em realização de cirurgia bariátrica, ficando atrás apenas dos Estados Unidos da América.

Estatisticamente sabe-se que o tratamento convencional para a obesidade, o chamado tratamento clínico, só funciona quando a pessoa se encontra num determinado patamar de peso corporal. Quem tem índice de massa corporal acima de 40 é classificado como obeso mórbido, e não responde bem ao tratamento clínico. Perde-se pouco peso e ele é recuperado com muita facilidade.

A cirurgia de redução do estômago é indicada nesses casos. Pessoas com índice de massa corporal acima de 35 kg/m² (obesos), que apresentem doenças clínicas há cinco anos ou mais (diabetes, hipertensão arterial e doenças articulares), agravadas pela própria obesidade, também são sérias candidatas a essa cirurgia.

Somente em pessoas com esse perfil é que esse tipo de intervenção é indicado, por ser um procedimento de risco moderado a alto, dependendo, é claro, das condições individuais de saúde, e que envolve não apenas implicações fisiológicas, como também psicológicas.

Este autor acredita fielmente que o tratamento deveria contar com uma equipe multidisciplinar envolvendo vários profissionais da área de saúde altamente especializados, sendo eles psicólogos, médicos, nutricionistas, e, em estágios mais moderados de obesidade, também os educadores físicos. Esse tratamento deveria ser feito em clínicas onde o obeso ficaria internado, assim como os dependentes químicos. A internação parece um pouco radical, e realmente o é, mas acontece que o problema também é e deve ser solucionado com medidas proporcionais.

Tal e qual o viciado em entorpecentes, o obeso mórbido é dependente de uma enorme quantidade de comida. Experimente dizer a um alcoólatra para tomar diariamente apenas duas doses, mas deixando-o dentro de casa com diversas bebidas à vontade! Não irá funcionar, ele nunca conseguiria se controlar, pois se começar a beber não vai saber quando e como parar. É a consequência óbvia da dependência. Portanto, não deve consumir álcool jamais, pois se começar não conseguirá parar.

Com o obeso é o mesmo tipo de compulsão, só que ele não pode ficar sem comer; então, quando ele começa, não consegue parar até estar fartamente alimentado. Ele sabe que come demais e que está assim por culpa sua, mas não detém sozinho os meios de controle! As sessões de terapia com psicólogos são importantíssimas, bem como as consultas médicas e com o nutricionista, mas, ao voltar para casa, na maioria das vezes o paciente não consegue seguir quase nada do que foi prescrito.

Observamos vários casos de obesos mórbidos que, após uma perda pouco significativa de peso, relaxam no tratamento e ganham tudo de novo, algumas vezes ganhando até mais, e isso em pleno tratamento multidisciplinar.

Voltando ao assunto principal, como o estômago está reduzido, a pessoa se sacia comendo bem menos do que estava acostumada. Deverá comer devagar, mastigar bastante e escolher muito bem os alimentos. O déficit de energia que acontece então promoverá o emagrecimento, mas também promoverá algum grau de desnutrição, já que a pessoa estará comendo muito pouco para o seu tamanho. Até que se atinja o peso ideal, a desnutrição aparecerá vez ou outra, podendo faltar desde vitaminas até minerais e proteínas. Por causa desse "efeito colateral", o acompanhamento com um nutricionista passa a ser indispensável.

Atualmente contamos com alguns tipos de cirurgia de redução do estômago e outros procedimentos, com variados graus de complexidade e risco. São quatro as principais técnicas visando à redução do volume do estômago, que atuam limitando a sua capacidade ou interferindo na digestão e absorção dos alimentos ingeridos, ou ainda essas duas técnicas combinadas:

Técnica	O que ela faz	Vantagens	Desvantagens
Balão intragástrico	Balão de silicone introduzido no estômago por endoscópio. Ocupa até 50% do órgão.	Não necessita de cirurgia e, no caso de estourar, o líquido azul em seu interior sai pela urina denunciando o rompimento.	Faz com que a pessoa perca no máximo 20% do seu peso. O balão deve ser trocado no máximo a cada 6 meses. Pode provocar náuseas.
Gastroplastia com anel	Grampeia-se uma parte do estômago e é colocado um anel de silicone na sua parte final.	Como o tubo digestivo se mantém intacto, não ocorrem grandes perdas nutricionais.	Caso ocorra ruptura da linha grampeada, pode ocorrer infecção no pós-operatório. Se romper após a recuperação, o paciente volta a ganhar peso.

Técnica	O que ela faz	Vantagens	Desvantagens
Desvio biliopancreático	Extração cirúrgica de parte do estômago.	Não restringe apenas a quantidade de comida ingerida, mas também a absorção de gordura, o que auxilia na perda de peso.	Risco de desnutrição – a diminuição absortiva demanda constante acompanhamento nutricional.
Transposição gástrica com banda	Une gastroplastia com anel e desvio biliopancreático.	Como utiliza duas técnicas em uma, acaba sendo mais eficiente.	Risco de desnutrição – a diminuição absortiva demanda constante acompanhamento nutricional.

É considerado que o procedimento teve êxito quando o operado perde ao menos metade do excesso de peso e se mantém assim por no mínimo cinco anos. Não entendemos de onde vem a determinação desse tempo, pois significa que o sucesso da cirurgia tem data de validade, e que o obeso tem um tempo determinado para ser magro.

A redução de estômago pode garantir cem por cento de certeza de que a pessoa irá emagrecer muito, e zero por cento de certeza de que ela irá continuar assim. Iremos ver o porquê disso agora.

UMA VEZ FEITA ESSA CIRURGIA, QUAL O RISCO DE A PESSOA ENGORDAR NOVAMENTE?

Bom, para várias situações na nossa vida, muitas vezes as coisas não saem como o planejado. Para toda história temos exemplos de final feliz, mas também de finais catastróficos e frustrantes.

De acordo com alguns especialistas, as complicações severas podem afetar até 5% das pessoas que passam pela cirurgia de redução de estômago.

Antes de qualquer julgamento, é bom que fique claro que o sucesso da cirurgia não depende de nada mais do que o próprio paciente. Ele é o único responsável pelo quanto irá comer, assim como era antes de ser operado. E, de igual modo, deverá saber quando está sabotando a dieta.

Para quem acha que pode resolver os seus problemas dessa forma, vamos ver uma história que deu errado. Citaremos o caso do inglês Tim Daily. Tim pesava 150 quilos, já havia sofrido uma porção de derrames e era diabético!

Nosso personagem submeteu-se à cirurgia de redução de estômago em 2008, aos 45 anos de idade. Em virtude desse procedimento, após apenas 12 semanas ele já havia perdido cerca de 70 quilos. Parece um resultado maravilhoso e que deixaria qualquer pessoa satisfeita, não é? Pois é, atualmente Tim pesa 76 quilos e é um homem arrependido e frustrado com a cirurgia. Ela resolveu seu problema? Bem, ele queria emagrecer e isso ele conseguiu. Só não sabia o que isso iria lhe custar.

Em janeiro de 2009, ele foi liberado para voltar a comer alimentos sólidos, mas ao fazer isso foi internado devido a fortes dores estomacais. Hoje ele depende de morfina para poder suportá-las e não consegue mais comer nenhum alimento sólido, tendo que instalar um tubo no estômago, uma sonda gástrica, para poder se alimentar.

Tim relata que se soubesse do drama que passaria no pós--operatório nunca teria se submetido à cirurgia. Ele acredita que tanto ele quanto o seu médico não avaliaram bem os riscos, e diz preferir voltar a pesar 150 quilos, com todo o preconceito que sofria e com todas as limitações que tinha, do que enfrentar todo o sofrimento que a sua vida passou a ser hoje em dia.

Temos que considerar que pessoas que passaram pela redução de estômago não conseguem se livrar da compulsão alimentar. Tudo o que gostavam de comer anteriormente continua apetitoso, apenas não há espaço suficiente para a pessoa se empanturrar. Quando a vontade é muita, isso se constitui num verdadeiro suplício, uma tortura autoimposta. Muitas pessoas operadas experimentam crises de vômito, sudorese e tonturas, ao ingerir uma quantidade apenas um pouco maior do que a suportada pelo "novo" estômago.

É interessante que, em 100% dos casos de que tivemos notícia, os operados voltarem a engordar alguns quilos. Após a pessoa atingir o seu menor peso, ele volta a subir depois de um tempo até um determinado patamar. E isso geralmente acontece alguns anos após a intervenção cirúrgica. Pode acontecer de alguém engordar tudo de novo? Pode sim, isso continua na dependência do estilo de vida que vai ser levado.

Nenhum ser humano nasce pesando 160 kg, certo? O obeso mórbido também não nasceu, mas ele chegou lá. No caso do ex-obeso, o fato de ele estar recentemente operado pode tê-lo colocado dentro de uma faixa de peso mais aceitável, mas se ocorrerem sucessivos descontroles, ele irá ganhar peso de forma gradativa. O pensamento comum de quem engorda é sempre o mesmo, para quem é operado ou não: "São só dois quilos, não tem problema". Só que, de pouco em pouco, essa permissividade leva novamente à obesidade.

Se você nunca conseguiu se controlar, se você vivia de dieta e nunca foi capaz de emagrecer expressivamente, não há garantia nenhuma de que vá conseguir se controlar após a cirurgia. Qualquer pessoa gorda consegue emagrecer cerca de 5% do seu peso sem problemas, todo mundo pode se livrar de alguns quilos de gordura sem grandes sacrifícios. Às vezes isso ocorre até mesmo sem querer, quando ocorre alguma alteração no estilo de vida. Mas existe um imenso abismo entre perder um pouco de peso e ficar menos gordo, e se transformar de obeso para magro.

A mente "obesa" esteve agindo livremente durante anos a fio, talvez durante toda uma vida. Após a cirurgia, ela ainda está ativa e operante, apenas não encontra mais um corpo receptivo ao que ela mais gosta de fazer. Se o paciente não estiver preparado, se não contar com suporte psicológico profissional, as chances de voltar a engordar tudo de novo algum tempo após a cirurgia são grandes.

O sucesso da cirurgia vai depender muito mais da atitude, da postura que o indivíduo irá tomar em relação à comida, do que do procedimento em si. Portanto, cuidado, essa não é uma solução definitiva. É claro que um estômago que se reduz a 20 ou 10% do seu volume normal se satisfaz com muito pouca comida e, sendo assim, a perda de peso corporal vai ser enorme. Alguns operados chegam a pesar menos da metade do que pesavam antes da cirurgia.

Mas o conforto de estar magro e a adoção dos antigos hábitos de vida podem reverter a nova silhueta; talvez não volte a engordar como era antes, embora isso possa acontecer, mas, se cuidados não forem tomados, os mesmos que deveria ter tido a vida toda, existe a possibilidade de retornar a obesidade. É muito comum ex-obesos mórbidos, após a redução de estômago, emagrecerem bastante e depois de alguns anos voltarem a ficar obesos. Não são mais obesos mórbidos, mas são obesos. Será que valeu a pena? Muitos acham que não. Obesos mórbidos quase sempre chegam à cirurgia bariátrica com sérias alterações emocionais, e essas alterações de ordem psicológica estão atreladas ao sucesso do paciente no pós-cirúrgico. O resultado final está diretamente associado ao estado emocional do paciente. Caso ele não se engaje no processo de emagrecimento de forma efetiva, achando que o trabalho já foi feito pelo médico, mais tarde irá se decepcionar ao descobrir o quanto um operado pode engordar novamente.

É a chamada "transferência de responsabilidade", atitude que muitos gordinhos tomam ao colocar a responsabilidade sobre a sua saúde nas mãos de outras pessoas. Achando que o problema está definitivamente resolvido e que nenhum cuidado sério precisa ser tomado após a cirurgia, na verdade os problemas estarão apenas começando.

Existem pessoas que, após engordarem tudo de novo, relatam que sofrem ainda com vômitos frequentes, intestino solto, gases, arrotos e problemas digestivos. São pequenas lembrancinhas desagradáveis que a cirurgia deixa para essas pessoas. Além disso, por conta da redução de calorias e nutrientes ser muito brusca e radical, existem dezenas de relatos de pessoas de ambos os sexos que sofreram com queda de cabelos, unhas fracas, apatia e outros sintomas desagradáveis oriundos da desnutrição.

Infelizmente a boca e os olhos continuam grandes, para estes órgãos ainda não inventaram cirurgia de redução...

CASOS QUE DERAM CERTO — REALMENTE UM FINAL FELIZ?

Já sabemos que os casos considerados de sucesso não aqueles em que o operado perdeu ao menos metade do peso excessivo e se manteve assim por pelo menos cinco anos. Uma boa parcela das pessoas operadas consegue manter o peso perdido dentro desse prazo, então, de acordo com o esperado pela medicina, obtiveram êxito na busca do que desejavam.

Mas de onde vem esse relativo sucesso, com prazo de validade determinado? Por que cinco anos? Depois desse período é considerado aceitável pela medicina engordar tudo novamente, mas parece não haver razão lógica para isso. É como se após cinco anos se mantendo magro, passasse a ser saudável ser obeso novamente. Absurdo!

A taxa de "sucesso" é maior para os pacientes que antes da redução de estômago eram magros na infância e engordaram na vida adulta; são os que melhor se adaptam ao "novo corpo", já que não estão lidando com o desconhecido, estão apenas recuperando a forma que já tiveram. Já quem foi obeso desde a infância enfrenta mais dificuldades de autoaceitação e adaptação à nova imagem.

A cirurgia antiobesidade pode ter um final feliz sim, mas vai depender do próprio operado e de ninguém mais. É um procedimento que precisa de cuidados para o resto da vida, como um alcoólatra sob tratamento. Caso a pessoa mantenha o "modo de pensar gordo", ela vai se surpreender ao descobrir o quanto o corpo pode mudar de novo para pior. Lembre-se: ninguém nasceu pesando 160 kg, houve toda uma manobra metabólica, favorecida pelo próprio obeso, para que isso acontecesse. Se as vias metabólicas do armazenamento de gordura corporal forem ativadas mais uma vez, o corpo irá seguir nessa mesma direção, não importa o quão magro ele possa ter ficado.

> **Os Alcoólatras Anônimos recomendam aos viciados evitarem o primeiro gole, enfrentando um dia de cada vez. Recomendamos aos comedores compulsivos comer de tudo, mas evitando os excessos, seja na refeição principal, seja na sobremesa!**

EFEITO SANFONA – PORQUE AS DIETAS SÓ FUNCIONAM A CURTO PRAZO

Exemplos de pessoas que emagreceram por meio de dietas radicais são frequentes. Todo mundo conhece alguém que emagreceu bastante seguindo determinada dieta. Mais frequente ainda são os casos de pessoas que depois de algum tempo recuperam todo o peso perdido e talvez um pouco mais ainda. Por que isso acontece? Por que todas as dietas parecem funcionar a princípio, mas são incapazes de manter o resultado conquistado?

Dietas existem aos montes, dieta de líquidos, dieta só de sopas, de carnes, de proteínas, de frutas, dieta dos pontos, dieta dos dias da semana e até a dieta da Lua. São dezenas, talvez centenas de variações, todas prometendo emagrecimento rápido e duradouro.

O que acontece é que, ao se engajar num programa de emagrecimento, a pessoa se priva de determinadas classes de nutrientes e/ou tipos de alimentos; assim se priva de boa parte das calorias consumidas (na grande maioria das vezes também se privam perigosamente de importantes nutrientes) e, fazendo isso, o resultado final será obviamente a perda de gordura corporal. E, para isso, qualquer dieta serve, desde que a pessoa ingira menos calorias do que gaste.

O problema é que, se a dieta for mal elaborada, e quase sempre ela é, além de ter efeitos temporários, poderá ocasionar danos à saúde. Qualquer dieta que restrinja importantes grupos alimentares é nociva à saúde. Dietas à base de legumes, por exemplo, se forem levadas a fio durantes semanas, ocasionam anemia e perda de massa muscular. A melhor é aquela que corta calorias, mas permite que se coma de tudo, em quantidades reduzidas.

Lembre-se: na questão da alimentação, sacrifícios extremos têm duração limitada, portanto, são sempre de curto período, assim como os seus resultados. É por isso que acontece o "efeito sanfona" com tanta frequência. Resultados permanentes só acontecem com a adoção de hábitos saudáveis. Após algum tempo, a dieta radical fatalmente será descontinuada, e, com isso, as pessoas vão progressivamente ganhado peso novamente. Daí partem para a nova dieta da moda, e assim vão perdendo e ganhando peso ao longo da vida, até que por fim se rendem ao desânimo e se conformam com os quilos em excesso.

As dietas restritivas (as dietas da moda) não funcionam por um simples motivo: não é possível viver em restrição de alimentos por tempo indeterminado, ainda mais se considerarmos a grande variedade de alimentos disponíveis. Excetuando períodos de guerras e catástrofes climáticas, sempre teremos uma variedade incrível de alimentos à disposição; essa variedade é necessária ao perfeito funcionamento do corpo humano.

Quem conseguiria viver indefinidamente à base de líquidos? Ou viver exclusivamente de frutas? Imaginem ficar todos os seus dias pelo resto da vida contando calorias, contando pontos, ou escolhendo os alimentos pela cor? É esse o motivo do sucesso parcial das dietas radicais. Quando já houve uma determinada perda de peso com uma dieta radical, a pessoa já está no seu limite e retoma os antigos hábitos. E se foram os antigos hábitos que lhe tornaram obeso, é claro que ao retornar a eles você irá recuperar tudo o que perdeu.

Quantas pessoas conhecemos que, mesmo após passar pelo processo cirúrgico da lipoaspiração, voltaram a engordar? Isso aconteceu porque o problema está no estilo de vida desregrado. A intervenção da lipoaspiração, em alguns casos, é até a menos duradoura, porque não partiu de uma mudança interna, não partiu da determinação em emagrecer mediante alguma privação.

A mudança é totalmente passiva, a pessoa deita-se na mesa de cirurgia com determinada quantidade de gordura e se levanta com outra, mas a alteração mais importante não foi feita ainda: a alteração mental, a mudança do "pensamento gordo" para o "pensamento magro".

Dessa forma, se você pretende emagrecer de forma permanente, risque a palavra "dieta" do seu vocabulário, substitua-a pelo termo "REEDUCAÇÃO ALIMENTAR".

A reeducação alimentar não é um procedimento radical como uma dieta restritiva, tem a ver com a reprogramação do seu modo de encarar o alimento. O grande problema do obeso não é o seu corpo, é a sua mente. O "modo de pensar gordo" deve ser substituído pelo "modo de pensar magro".

Já que qualquer dieta restritiva não pode ser seguida indefinidamente, seguir qualquer uma delas é bobagem, quem faz isso opta por um "tratamento de choque" temporário, e consequentemente tudo o que conseguem é um resultado temporário. A solução é não riscar do cardápio nenhum tipo de alimento disponível, salvo por orientação médica devido a problemas de saúde.

Todas as pessoas que conseguiram um resultado estético sólido, isto é, permanente, chegaram a isso comendo de tudo. A chave para o sucesso é a moderação nas quantidades, e não nos tipos de alimentos em si. Por que não tomar sorvete, comer chocolate ou pipoca? Qual o preconceito com a coxinha ou pastel? Conheço dezenas de pessoas que comem com certa frequência doces e frituras e são magras. O que nos torna gordos não são certas classes de alimentos, como os citados doces, salgadinhos e guloseimas afins.

O que engorda é o excesso de calorias, e excesso é excesso, não importa se vêm na forma de bombons, pizza ou sopa de legumes.

Esse conceito de que certos alimentos são proibidos já está muito ultrapassado. Quem se fia nessa premissa faz um sacrifício desnecessário e se torna desmotivado, ficando mais exposto a excessos alimentares quando se permite comer algo "proibido". Afinal, "tudo que é proibido é mais gostoso", não é?

Quem se baseia nisso não emagrece, portanto, mude o seu modo de encarar certos alimentos. Entre os alimentos não existem vilões e heróis. Existe sim um inimigo, um único inimigo que é você mesmo. Quem vê um docinho como algo normal (modo de pensar magro), não se abala tanto psicologicamente quando se depara com um, como um obeso numa doceria (modo de pensar gordo). Ele come apenas um, ou mesmo decide não comer, já que pode fazê-lo quando bem entender numa outra ocasião (modo de pensar magro). Já aquele que evita doces a todo custo, quando cai em tentação, come desmesuradamente, como uma recompensa pelos poucos dias que ficou sem comê-los (de novo, o modo de pensar gordo!). A partir desse ponto, uma porção não lhe diz mais nada: ele precisa de muito e acaba por sabotar sua pretensa "dieta".

> **O elefante engorda comendo mato! O problema quase nunca é o que se come, mas o quanto se come.**

Um dos grandes prazeres da vida é comer, não há dúvidas. Comendo de tudo as pessoas não passam vontade e não se sentem miseráveis. A única vontade que se deve passar é a de se empanturrar. Repetir o prato, devorar uma barra inteira de chocolate, tomar uma cerveja durante o almoço, e coisas desse tipo, são as atitudes a serem evitadas, mas que esporadicamente não irão engordar ninguém.

CASOS REAIS — OS DIFERENTES CAMINHOS RUMO À OBESIDADE OU AO EMAGRECIMENTO

Como vimos, ninguém engorda simplesmente por respirar, a gordura não sai do vácuo e se deposita em você como num passe de mágica. Quem está acima do peso é porque andou comendo além do que necessitava, não importa qual desculpa possa ser dada.

A seguir mostraremos casos reais de como a gordura entra em nosso organismo, algumas vezes sorrateiramente, algumas vezes de forma bastante evidente. Como todas essas histórias são reais, obviamente os nomes dos personagens citados foram substituídos por apelidos, no intuito de preservar suas identidades.

Se você se identificar com um ou mais desses gordinhos, qualquer semelhança não é mera coincidência, use de lição para apurar a sua autocrítica e criar hábitos mais saudáveis.

CASO Nº 1: "JOÃO GORDINHO"

João Gordinho é um adolescente de 15 anos, com cerca de 108 quilos mal distribuídos para os seus 1,74 metros de altura. Sedentário desde que saiu da barriga da mamãe, sua rotina é frequentar a escola e ir para casa. Aliás, a distância entre uma e outra é de apenas quinze minutos de caminhada, e esse constitui seu maior e único esforço físico.

Sua rotina semanal é acordar, saborear um farto café da manhã e ir para a escola. Aguarda ansioso o lanchinho do recreio (refrigerante e coxinha), e, após este, mal pode esperar pela hora do almoço. Chega faminto em casa, ansioso por saborear a comida da mãe, que segundo ele é deliciosa.

Não contente em matar a fome, ele repete o prato. Assim que dá a última garfada, já está com a porta da geladeira aberta, procurando avidamente uma sobremesa, normalmente pudim de leite condensado ou sorvete.

As suas tardes transcorrem inicialmente no quarto de estudos, onde vez ou outra dorme. Uma vez cumpridas as tarefas escolares, passa o resto do tempo encalhado no sofá da sala em frente à televisão, acompanhado de refrigerantes, salgadinhos industrializados e um belo pacote de bolacha recheada, que faz questão de comer inteiro.

Logo mais à noite, repete o almoço em quantidades generosas, toma banho e vai dormir relativamente cedo. Poderia ter acabado por aí, mas não...eventualmente, durante as madrugadas, a geladeira recebe a visita de João Gordinho. Nessas horas, segundo ele relata, ele sente que não está plenamente satisfeito, embora não sinta fome. É um típico caso de má educação alimentar, a pessoa somente se contenta com porções enormes, não basta não sentir fome, ela tem de se sentir repleta quase o tempo todo, comendo até quase passar mal!

Nesse caso, novamente perguntamos: dá para culpar a genética pela sua condição física? Esse garoto obviamente está comendo muito além do necessário, ao mesmo tempo em que leva uma vida absolutamente sedentária. Enquanto esses péssimos hábitos e o descaso dos pais continuarem, esse garoto permanecerá obeso!

CASO Nº 2: "TÂNIA TONELADA"

Essa história é curiosa pelo fator emocional envolvido. Tânia Tonelada é uma mulher no vigor dos seus 33 anos. Atleta desde a infância, procura praticar atividades físicas desde então, ao menos três vezes por semana. Ao longo dos anos engordou consideravelmente, cerca de 13 quilos além do peso considerável saudável para ela.

Mas, como todo gordinho, a culpa não era dela. Dizia que, segundo exames, sua taxa de hormônio da tireoide estava um pouco baixa e por isso ela não conseguia emagrecer, mesmo comendo muito pouco. Não adiantava ela se esforçar nas aulas de tênis, caminhadas, corridas ou na sala de musculação. Seu peso ficava estável, às vezes oscilava um pouco para mais ou para menos, mas emagrecer mesmo parecia impossível.

Tânia, como boa parte das pessoas com sobrepeso, julgava comer apenas o necessário, mas na verdade estava se excedendo nas calorias ingeridas. Ela não entendia o porquê de tanto exercício não estar surtindo efeito, ou, pelo menos, não queria admitir sua parcela de culpa.

Um belo dia aconteceu de Tânia estar acompanhada do seu noivo em uma festa, e na mesa em que estavam havia uma garota de corpo escultural, que ela sabia ser uma antiga paquera do rapaz. Essa garota não perdia a oportunidade de alfinetá-la sobre seus quilinhos a mais sempre que tinha oportunidade.

Como já era um antigo desafeto, e por ter ficado envergonhada na frente dos amigos, os desaforos tiveram uma grande repercussão na nossa personagem. Para piorar (ou melhorar) as coisas, algumas semanas depois o destino cruel fez com que seu noivo fosse trabalhar justamente com essa garota. Era a gota que faltava.

Decidida a emagrecer movida pelo ciúme e pela raiva, ela riscou da sua dieta tudo o que pôde, e em aproximadamente três meses perdeu todo o excesso de peso. A partir daí, não houve mais o "fator genético" para atrapalhar. Com tireoide preguiçosa ou não, Tânia Tonelada seguiu em frente e conseguiu! Essa história ilustra que a atitude e a motivação são fatores primordiais para emagrecer, se você realmente deseja, você consegue. Encontre você mesmo a sua inspiração, sua mola propulsora que lhe motivará e lhe guiará rumo ao sucesso!

CASO Nº 3: "MARIA GORDA"

Maria Gorda é uma senhora de 62 anos. Gordinha de longa data, desde a adolescência esteve sempre fora do peso ideal. E quanto mais velha ficava, mais gordura adquiria. Atualmente vem se enquadrando na categoria de obesa, já que seu IMC beira os 35.

Nunca teve por hábito a prática de qualquer modalidade esportiva, nunca trabalhou fora de casa, e sua rotina de gasto calórico não fugia muito das pequenas tarefas no lar, porque o mais pesado era feito pela empregada.

Preocupada com a saúde e com a estética, mas não a ponto de realmente se esforçar, nossa personagem sempre buscou ajuda nos produtos milagrosos. As prateleiras de sua copa e cozinha sempre contaram com algum "pó mágico", bobagens como cartilagem de tubarão e compostos das mais diversas ervas. Tudo o que prometia firmar a pele, eliminar estrias e diminuir medidas era comprado. E toda vez que a televisão anunciava um novo produto emagrecedor, Maria Gorda imediatamente já se interessava e logo estava utilizando-o.

Não obstante esse fato, sua casa era literalmente recheada pelos mais diversos doces e guloseimas, era um lar onde a comida era farta todos os dias. Em suas compras de supermercado não poderiam faltar refrigerantes e outras bobagens.

Bom, apesar de passar a vida toda assim, numa falsa dieta e sempre confiando em produtos de forte apelo comercial, mas que não lhe garantiam nenhum resultado consistente, ela parecia estar resignada com o seu caso. Ela acreditava que nunca poderia ser magra, e já nem mesmo era capaz de se lembrar da época em que não era gorda.

Vida estável, filhos casados e netos a caminho. De repente, a reviravolta: seu marido falece, em virtude de um câncer de próstata, detectado tardiamente. Não é preciso descrever o sofrimento e a tristeza de quem perde um cônjuge de forma tão brusca, após 40 anos de casamento. Foram semanas de agonia ao lado do marido.

Resumindo a história, meses depois essa senhora havia perdido mais de 20 quilos. Dizia que não estava acostumada a viver solitária e que não via mais graça em fazer sozinha as suas refeições. Preocupada com a saúde, eliminou vários péssimos hábitos, passou a caminhar todos os dias e a alimentar-se apenas do necessário.

Temos nesse caso mais um exemplo de que, abandonando os maus hábitos, será perdida a gordura corporal em excesso!

CASO Nº 4: "BETO BARRIGA"

Essa é uma hilariante história da qual não sabemos ainda o final. Beto Barriga é um jovem analista de sistemas, 27 anos de idade, casado, uma pessoa extremamente preguiçosa e de rotina absolutamente sedentária. Considerado obeso grau I, faz da comida o seu Deus, fazendo questão de prestar homenagem a ela sempre que tem oportunidade.

Ignorando alertas de amigos e do seu médico cardiologista, seus programas favoritos envolvem idas a barzinhos e restaurantes, onde faz questão de se empanturrar. Ele tem o péssimo hábito de somente parar de comer quando o simples ato de respirar se torna difícil, chegando a fazer inveja à mais gulosa das jiboias. A ingestão de líquidos desse cidadão durante as refeições é algo impressionante, (cerveja ou refrigerante), e quem presencia alguma refeição sua fica intrigado, se perguntando como pode caber tamanho volume dentro de uma pessoa.

Para piorar as coisas, nosso herói detesta alimentação natural, não come verduras e legumes de espécie alguma, salvo os que estão bem "escondidos" em alguns alimentos, como a alface e o tomate do sanduíche. Leite só o do *milk shake*, e frutas, muito raramente. O seu forte mesmo são as carnes, as frituras e os insubstituíveis *bacon* e torresminho. Trabalha sentado o dia todo e sua mesa de trabalho é circundada de alimentos calóricos pouco nutritivos, como batatas fritas, salgadinhos, sucos artificiais e chocolates.

Seu diagnóstico não é nada bom: de acordo com os últimos exames estava hipertenso, começando a dar sinais de resistência à insulina e o colesterol estava consideravelmente acima do ideal. Esse perfil de glutão não se importa com mais nada além do prazer da gula, nada parece lhe convencer de que uma mudança nos hábitos de vida seria salutar para a sua saúde. Afinal, a pessoa se sente bem fazendo isso e ainda não sofreu nenhum contratempo mais grave, salvo algum desconforto respiratório ao final dos lances de escada que raramente sobe e o intestino preso.

O problema do excesso de peso corporal (não estamos falando de obesidade) é que ela acarreta alguns problemas de saúde que muitas vezes não interferem diretamente na vida das pessoas de forma radical. A pressão alta é chamada de "mal silencioso"; justamente por isso, ela pode ficar assintomática por anos a fio. Também não detectamos o colesterol sanguíneo elevado, o excesso de açúcar no sangue e a gordura no fígado, caso não sejam feitos exames regulares. Assim, a pessoa ignora os alertas porque se sente bem (ou não se sente tão mal), e segue nesse estilo de vida deletério.

Beto Barriga segue engordando ano após ano, e o que podemos esperar é que somente uma ocorrência médica mais grave tenha poderes para alterar seus hábitos de vida.

POR QUE É TÃO DIFÍCIL EMAGRECER?

Não, não é difícil emagrecer. Ou pelo menos não deveria ser assim, e isso por uma simples questão de lógica. Afinal, para tudo na vida é muito mais fácil perder uma coisa que já se tem do que adquirir algo que não se possui. Ganhar demanda esforço, perder quase sempre não. E, infelizmente, perder peso faz parte deste "quase". Mas a boa notícia é que basta apenas força de vontade. Não necessitamos gastar dinheiro com fórmulas mágicas, remédios nem dietas milagrosas.

Quem pretende ganhar peso deve se preocupar em poupar energia, não realizar atividade física em excesso nem muitos trabalhos manuais vigorosos. E deve estar sempre atento para ingerir alimentos frequentemene, ou seja, deve comer muito a toda hora, todos os dias. Para se ter uma ideia do que isso representa, são necessárias 7.700 calorias para que o corpo armazene 1 quilo de gordura; deve-se, portanto, criar esse excedente energético para que isso aconteça. Imaginem o quanto de calorias excedentes uma pessoa acumulou para adquirir 10 quilos de gordura corporal! Realmente é um bocado de comida extra!

Para emagrecer, o próprio corpo faz o esforço por você, não é preciso fazer absolutamente nada, apenas ir gradativamente comendo menos até se atingir o peso ideal. Embora o exercício físico seja excepcional para atingir com rapidez e prazer esse objetivo, ele não é absolutamente fundamental para esse fim. Muitas pessoas acamadas acabam por emagrecer simplesmente por não terem à mão todas as guloseimas que gostariam de saborear. Não é impressionante saber que é possível emagrecer passando o dia todo deitado?

Qualquer coisa no universo precisa de manutenção, uma fonte geradora, do contrário ela rui. Assim é também com o nosso peso corporal: quanto mais pesada uma pessoa se torna, mais calorias ela gasta para realizar qualquer tipo de atividade, o que significa que ela deve comer mais para manter seu peso corporal constante. Uma pessoa que pesa 90 quilos vai gastar muito mais energia ao realizar qualquer movimento do que uma que pesa 60. Consequentemente, ela precisa comer muito mais do que a outra para realizar as mesmas atividades, caso contrário, ela irá perder peso.

Como vimos, aproximadamente 7.700 calorias armazenadas representam um quilo de gordura. Engordar um quilo corresponde a ultrapassar o necessário em 256 calorias por dia, todo santo dia, no período de um mês. Quem engorda dez quilos precisa fazer o mesmo, só que durante 10 meses.

Em contrapartida, sabemos que as necessidades energéticas são muito facilmente satisfeitas, principalmente se as refeições são à base de alimentos muito densos, ricos em carboidratos e gorduras. Esse é o lado oposto do que acabamos de dizer: se por um lado temos de acumular muita energia para ganhar peso, por outro lado esse acúmulo pode ser feito muito facilmente apenas com a mudança de alguns hábitos alimentares. Uma pequena mudança no estilo de vida, se mantida por alguns meses, poderá causar muito estrago na silhueta e na saúde, portanto, muita atenção com as calorias escondidas. É o que veremos adiante.

A ASSUSTADORA REALIDADE DAS CALORIAS

As calorias escondidas nos alimentos são muitas vezes surpreendentes. Talvez a frase mais dita pelos gordinhos, gordões e obesos seja: "eu como pouco". Essa afirmação algumas vezes é feita por ingenuidade, mas na maioria das vezes as pessoas sabem muito bem o que estão fazendo de errado e o porquê de estarem acima do peso. Uma coisa é achar que está comendo pouco, outra bem diferente é estar comendo pouco de fato.

Além disso, o conceito de comer pouco é relativo. Podemos ter duas pessoas de idade, peso e composição corporal semelhantes, mas que pelo estilo de vida apresentem necessidades energéticas completamente diferentes.

Situação: Dois irmãos gêmeos, ambos com peso aproximado de 75 quilos. Os dois são executivos, mas apenas um deles é atleta de corrida. O sedentário necessita de muito menos alimento (calorias) do que o atleta, não obstante o fato de ambos sustentarem o mesmo peso corporal e os fatores da genética, idade e sexo serem iguais. Caso o irmão sedentário faça a mesma dieta do irmão atleta, ele irá engordar; invertendo a situação, o atleta irá perder peso.

É por isso que cada um deve encontrar para si o ideal de ingestão alimentar. A comparação não deve ser feita entre indivíduos; a condição física é individual, apenas a própria pessoa e a balança.

As pessoas que não conseguem emagrecer, apesar de estarem "comendo pouco", se classificam em três tipos. O primeiro deles é o mentiroso. Come a vontade, sem restrição alguma, e quando o corpo denuncia esse descontrole, ele mente dizendo que não come quase nada.

O segundo tipo realmente come pouco em cada refeição, mas come a toda hora e no final das contas acaba ingerindo mais do que gasta. Sem mais comentários! O terceiro tipo é o sem noção, é aquele que não tem a mínima ideia do valor calórico dos alimentos; ele não quer enxergar que tem alguma coisa errada com os seus hábitos alimentares. Ele realmente acha que está comendo pouco, mas não está! Esse tipo geralmente fica buscando gordinhos na família para culpar a genética, ou então fica bolando teorias sobre o porquê de estar acima do peso, como algum distúrbio ou alguma doença.

Muita gente faz a escolha errada porque confunde dieta para emagrecer com dieta saudável. Muitos alimentos saudáveis são também extremamente calóricos e devem ser consumidos com moderação. É o caso do azeite, das castanhas e até mesmo de boa parte das frutas.

Podemos comer de forma super saudável e engordar. Também podemos nos alimentar muito mal e emagrecermos. Tudo depende da quantidade e o do tipo de alimento escolhido. Ler os rótulos dos alimentos pode ser um bom começo para quem pretende emagrecer!

Com esse hábito, aprendemos a contabilizar ao longo do dia ao menos alguma parte do que comemos. O conhecimento do quanto devemos ingerir e do quanto estamos ingerindo, de fato, faz parte da boa educação alimentar. Mas de nada adiantará saber o valor calórico dos alimentos se não temos a mínima ideia do quanto necessitamos.

Uma estimativa razoável das necessidades calóricas diárias é de cerca de 2000 a 2500 para homens, e de 1200 a 1800 para mulheres. Mas essas necessidades podem variar muito entre indivíduos do mesmo sexo, devido a fatores como dimensão e composição corporal, e estilo de vida, incluindo aí a prática de atividade física.

Para termos uma noção mais precisa, uma continha muito simples resolve. Basta multiplicar seu peso por 24, se for homem, e por 22, se for mulher. Acrescente mais 300 calorias (necessárias para suprir suas atividades do dia a dia) para sedentários, ou mais 700 calorias, se for atleta ou levar um estilo de vida muito ativo. Claro, continua sendo uma estimativa, mas já dá para se ter uma ideia de consumo, necessidade e gasto calóricos.

O resultado dessa soma será sua necessidade diária, se estiver consumindo igual a esse valor, você não irá engordar, mas também não vai emagrecer um grama sequer. Se você vem ultrapassando esse valor com frequência, e já está gordinho, pode ir separando o dinheiro para indenizar o dono da farmácia, pois você irá quebrar a balança desse estabelecimento em breve!

Quem está preocupado em perder peso deve pensar em consumir menos do que esse valor encontrado. Não precisa ser radical e cortar as calorias pela metade, isso não irá funcionar, retire cerca de 5 ou 10% e já terá bons resultados. Quando seu peso se estabilizar, retire mais 5 ou 10% e assim por diante, até chegar ao peso ideal, ou muito próximo disso.

Esse conhecimento é importante para aquelas pessoas que estão engordando, mas "não sabem como". É interessante notar como alguns alimentos cujo conteúdo calórico considerávamos desprezível, passam a ter um peso bem maior sobre o que comemos diariamente, quando adquirimos o hábito de ler os rótulos dos alimentos. Vamos analisar um "inocente" lanchinho?

Às vezes, durante o café da tarde, as pessoas consomem coisas como biscoito água e sal, torradas com manteiga ou geleia, acompanhadas de um cafezinho ou dois.

O café em si não tem caloria alguma, mas devemos considerar as calorias do açúcar que é acrescentado a ele, o que dá em média 26 calorias. O biscoito água e sal varia de acordo com a marca, de 27 a 32 calorias, uma média de 30. Uma porção de geleia (uma colher de sopa) pode conter de 30 a 50 calorias, uma média de 40.

Um lanche com três desses biscoitos terá 90 calorias, mais as 40 da geleia, que somadas com o café totalizam 156 calorias. Se forem dois cafés e quatro biscoitos, teremos 212 calorias! Pode parecer um lanchinho inocente, mas para algumas pessoas isso pode representar 10% ou mais das necessidades calóricas diárias, justamente o que deveria ser restringido para promover um emagrecimento razoável e saudável.

Quem está acima do peso deve ter consciência do que está comendo, talvez um lanche desses seja o ponto fraco da dieta, o fator negativo que está sabotando a perda de peso.

FÓRMULAS MÁGICAS: GÉIS REDUTORES, APARELHOS DE GINÁSTICA PASSIVA E ALIMENTOS EMAGRECEDORES

O ser humano ama o maravilhoso, o sobrenatural e o fantástico; a promessa de ganho fácil é tentadora demais para ser desprezada e analisada com a razão, ao invés da emoção. Por ser a obesidade um problema de repercussão emocional, várias fórmulas mágicas são criadas e vendidas com sucesso todos os dias, pois encontram um farto e lucrativo campo de atuação. Por esse motivo, a venda de paliativos como géis para redução de medidas, massagens emagrecedoras e aparelhos de ginástica passiva explodem mundo afora.

Afinal, quem não gostaria de se livrar das gordurinhas em excesso com um mínimo de esforço? E nessa onda de facilidades surgem os remédios emagrecedores, que, devido à natureza imediatista do ser humano, estão sendo cada vez mais consumidos.

Da mesma forma que as dietas radicais, os remédios para emagrecer funcionam, mas com prazo de validade predeterminado. Eles funcionam na base da dose-resposta, ou seja, apenas enquanto estão sendo administrados. Esses remédios não fazem a principal alteração da qual o obeso necessita, que é a reprogramação mental permanente, transformando o "modo de pensar gordo" para o "modo de pensar magro".

Passado o período de administração, a mente gorda sorrateiramente vai ganhando espaço, a pessoa não conta mais com o suporte fisiológico e até psicológico do medicamento e volta a comer excessivamente. A ânsia de emagrecer leva novamente à medicação, e a pessoa poderá entrar num círculo vicioso de emagrece-engorda parecido com o das dietas radicais, com o agravante dos efeitos colaterais causados por essas fórmulas. Vale a pena? Para decidir conscientemente é necessário o conhecimento da composição dessas fórmulas e seus efeitos negativos sobre a saúde.

> **Depender de remédios para emagrecer significa que você admite a derrota e que não é forte o suficiente para vencer sozinho a batalha em que tantas outras pessoas tiveram sucesso.**

Antes de mais nada, é interessante frisar que todo medicamento apresenta contraindicações e efeitos colaterais. Alguns desses efeitos são imperceptíveis, outros muito intensos, o que dependerá da toxidade da droga utilizada. As formulações dos medicamentos para emagrecer são compostas por várias substâncias, cada qual com seus próprios efeitos colaterais, e que quando somados se tornam potencialmente perigosos à saúde.

Entre as substâncias que compõem essas fórmulas estão os diuréticos, os laxantes, os moderadores de apetite (fenproporex, anfepramona, fentermina e fendimetrazina), os hormônios tireoideanos e até mesmo os calmantes. Uma só cápsula de medicamento manipulado pode conter todas as classes de medicamentos citados e ainda alguns outros que visam conter os efeitos colaterais dos primeiros. Para os gordinhos teimosos, pensamos em descrever melhor as reações adversas. Prossiga na leitura.

EFEITOS COLATERAIS DOS MEDICAMENTOS PARA EMAGRECER

DIURÉTICOS

O mecanismo de ação dos diuréticos faz com que o organismo excrete água, o que não tem nada a ver com perda de gordura. Momentaneamente o peso pode ser reduzido na balança, mas não se iluda: a gordura ainda estará lá e o equilíbrio de água será reestabelecido tão logo a medicação perca o seu efeito! Diuréticos aumentam a perda de minerais como o potássio, o sódio e o cálcio, o que junto com a perda hídrica pode levar à insuficiência renal, desidratação e até mesmo à parada cardíaca.

LAXANTES

Aumentam a frequência das evacuações por aumentarem o conteúdo de água nas fezes. Assim como os diuréticos, refletem na balança uma perda de peso irreal, apenas a perda de água, que cedo ou tarde será reposta. Se utilizados por grandes períodos, após suspensos poderão induzir ao "intestino preguiçoso", tornando a pessoa dependente. O Orlistat (Xenical), apesar de não ser considerado um laxante na acepção da palavra, tem efeito semelhante, impedindo a absorção de cerca de 30% das gorduras que ingerimos. Como essa droga limita a ação das enzimas que digerem a gordura, boa parte dela é expelida pelas fezes. Por causa desse efeito, costuma provocar fortes diarreias quando o usuário faz uma refeição gordurosa. Na verdade esse efeito colateral parece ter um lado benéfico, porque, cansados de tanta diarreia, os usuários aprendem a evitar alimentos gordurosos. Seus outros efeitos colaterais são a flatulência, as dores abdominais e a diminuição da absorção das vitaminas A, D, E e K. Ainda que não cause dependência, o Orlistat tem a desvantagem de não ter nenhum efeito sobre os carboidratos consumidos. Assim, os adoradores de pizzas, massas e doces podem engordar facilmente, ainda que utilizem esse medicamento.

MODERADORES DE APETITE — ANOREXÍGENOS

Já ouviram falar de anfepramona femproporex, dietilpropiona e mazindol? No Brasil essas substâncias podem ser comercializadas com controle médico, não obstante o fato de serem proibidas em vários países desenvolvidos! Atualmente está em evidência a Sibutramina (Reductil, Plenty), que age no hipotálamo promovendo a sensação de saciedade. Esses medicamentos causam arritmia cardíaca, taquicardia, hipertensão arterial, aumento da sudorese, boca seca, insônia e crises de ansiedade e agitação. Alguns indivíduos também sofrem delírios e efeitos alucinógenos! Os usuários também podem desenvolver dependência dessas substâncias caso as utilizem por tempo prolongado.

CALMANTES — ANSIOLÍTICOS

Medicamentos como o diazepam, lorazepam e a fluoxetina são empregados com a função de atenuar os efeitos colaterais dos moderadores de apetite e hormônios da tireoide, como agitação, irritabilidade e insônia. Também causam dependência quando utilizados por longos períodos de tempo.

HORMÔNIOS TIREOIDEANOS

Seu uso só se justifica nos portadores de hipotireoidismo. Em pessoas com níveis normais desses hormônios uma dosagem maior pode causar hipertensão arterial, arritmias cardíacas, taquicardia, infarto, irritação, extrema agitação e insônia. Como torna o metabolismo muito elevado, promove, além da perda de gordura, a perda de massa muscular e óssea. Todos esses efeitos colaterais podem ser acentuados quando esses hormônios são administrados com os anorexígenos. O uso prolongado pode fazer com que o usuário desenvolva hipotireoidismo e talvez se torne dependente desses hormônios para sempre.

Fora todos esses efeitos, há ainda um desgaste dos rins e fígado para metabolizar esses medicamentos. Realmente não conhecemos ninguém que tenha emagrecido unicamente à base de remédios e não tenha se arrependido, quer por não ter conseguido lidar bem com os efeitos adversos, quer por ter recuperado o peso anterior meses após suspender o medicamento.

Ao interromper o uso, invariavelmente o metabolismo será desacelerado e o apetite e a ansiedade voltarão. Não se iluda, toda a gordura corporal será recuperada e você ainda terá que lidar com os efeitos adversos, que, como vimos, não são brandos. O profissional que receita tais compostos obviamente não está interessado na saúde das pessoas, mas apenas em ganhar dinheiro ao satisfazer o seu imediatismo.

É comum os usuários retornarem diversas vezes à consulta, porque, tão logo termina a administração da "fórmula mágica", sentem que estão novamente voltando ao que eram antes. Reiniciam a terapia medicamentosa, voltam a perder peso, depois param e o drama recomeça, até perceberem que essa não é uma solução definitiva, apenas uma "maquiagem" temporária para seus corpos.

No final das contas, obtém-se dois resultados: o efeito sanfona, que faz com que a pessoa recupere todo o peso, ou o efeito espiral, onde a cada ciclo de começa-termina a medicação o ganho de peso é ainda maior do que o anterior à terapia. De brinde ganha-se ainda flacidez, estrias, problemas cardíacos e desgaste de órgãos importantes como rins e fígado, que tiveram de metabolizar todas essas drogas.

Concluindo, essas formulações realmente funcionam, mas de forma temporária e às custas de efeitos colaterais muito fortes. Não vai ser isso que irá resolver em definitivo o problema dos quilos em excesso!

PRODUTOS NATURAIS PARA A PERDA DE PESO

Quanto a géis redutores de medidas, alimentos que emagrecem e suplementos alimentares "queimadores de gordura", podemos afirmar categoricamente que eles simplesmente não funcionam. Entenda que nada fará com que o que você comeu se anule. Uma vez digerida e absorvida a alimentação, não há um caminho de volta, ou essa energia é gasta criando-se um déficit energético, ou será armazenada no corpo sob a forma de gordura.

Nenhum suplemento alimentar ou alimento com a finalidade de emagrecer tem comprovações científicas conclusivas e incontestáveis. Fisiologicamente é muito difícil isso acontecer, pois uma substância natural teria de agir como um medicamento, acelerando o metabolismo ou impedindo a absorção de gordura pelo intestino. Todas as pessoas que emagreceram utilizando um ou mais desses produtos invariavelmente estavam em dieta de baixas calorias e praticando atividade física.

Não fica difícil adivinhar o que realmente promoveu o emagrecimento, não é? Da mesma forma, géis e cremes redutores de medidas não funcionam porque não tem a propriedade de agir como medicações, que como já vimos são fortíssimas e causadoras de graves efeitos colaterais. Todo produto vendido livremente nos balcões de farmácias são assim inócuos. A única coisa que um creme dessa natureza pode fazer é criar uma película que momentaneamente firma a pele, causando a impressão de estar com menos gordura sob ela. No primeiro banho, lá se foi o "emagrecimento"!

Outro fator que denuncia a inutilidade desses produtos é que todos eles recomendam a prática de exercícios físicos e dieta de baixas calorias para "somar" efeitos. Mas não existe soma, na verdade o efeito ineficaz do produto se esconde por trás dos resultados obtidos com a dieta e os exercícios. Por fim, o consumidor não sabe dizer com certeza se o produto funcionou, ou o quanto funcionou, já que ele não foi o único procedimento adotado.

Mas é fácil determinar a sua eficácia: experimente utilizar qualquer "emagrecedor" de forma isolada, sem alterar em nada a sua dieta, e continue com a mesma quantidade de atividade física de antes. Já dá para adivinhar quais serão os resultados, não dá? Por outro lado, aumentando-se o gasto calórico mediante atividade física, e controlando a dieta de forma a se ingerir uma quantidade menor de calorias, qualquer pessoa vai emagrecer, sem precisar de produto algum.

Quer dizer então que um produto rotulado como "natural" não surte efeito algum? Bom, algumas vezes essas fórmulas podem realmente apresentar algum resultado, seja acelerando o metabolismo, seja reduzindo o apetite, ou ainda as duas coisas. Mas, como não existem milagres, o produto em questão não tem nada de natural, já que, não raro, exames laboratoriais mais minuciosos detectam a presença oculta de medicamentos como a sibutramina. Dessa forma, a pessoa que confia nos dizeres do rótulo quanto à procedência do produto na verdade está colocando sua saúde em risco; junto com um monte de ervas e outras baboseiras ineficazes, pode estar ingerindo um medicamento.

É o mesmo caso de algumas marcas de suplementos alimentares norte-americanas, que na década de 1980 "batizavam" seus produtos voltados para o ganho de massa muscular com esteroides anabolizantes. O consumidor ficava mais forte e creditava isso à qualidade do suplemento, sem se dar conta de que estava ingerindo um produto de uso controlado e com sérios efeitos colaterais à saúde. Também é comum, vez ou outra, nos depararmos na mídia com alimentos que são rotulados de promissores quanto à perda de gordura corporal. Normalmente é feito muito alarde, muita badalação em torno desses alimentos, mas após o período inicial de furor invariavelmente eles caem no ostracismo. Vamos analisar alguns deles:

PIMENTA

É muito provavelmente o único alimento que parece exercer algum efeito emagrecedor, mas ainda assim muito brando. Ela contém uma substância chamada capsaicina, que é responsável por aumentar a frequência cardíaca e a produção da saliva e do suor, e com isso faz com que o corpo utilize cerca de 100 a 200 calorias a mais em um dia. Quanto mais ardida a pimenta, mas capsaicina ela contém e mais forte será esse efeito.

Claro, não se pode esperar uma melhora significativa apenas com o consumo de pimentas. Ninguém come pimenta todos os dias e muito menos em todas as refeições. E, mesmo que o faça, a queima calórica resultante ainda assim seria muito pequena para exercer efeitos benéficos de forma isolada.

FIBRAS

Existe alguma evidência nos anais científicos de que alimentos com valores calóricos iguais, mas com diferentes quantidades de fibras, apresentam diferentes efeitos sobre a saciedade. De acordo com esse conhecimento, se você come uma fruta com 70 calorias, ficaria saciado por mais tempo do que se tivesse comido as mesmas calorias vindas de uma porção de chocolate.

Como as fibras absorvem água, ocorre um aumento do volume do alimento no trato gastrointestinal, o que levaria a uma maior sensação de saciedade. Mas, para isso dar certo, o consumo de água deve ser regular ao longo do dia, e todas as refeições deveriam apresentar quantidades apreciáveis de fibras alimentares, o que é bem difícil nas sociedades industrializadas. Fica valendo então o conselho de se moderar nas quantidades, independentemente do que você for comer.

CHÁ VERDE

Já está provado que o chá verde é realmente benéfico para a saúde, por exemplo, por conter substâncias antioxidantes, o que o torna um alimento preventivo contra o envelhecimento precoce e até mesmo o câncer. Ele também favorece modestamente o perfil lipídico sanguíneo, diminuindo alguns fatores de risco para cardiopatias. Muito se fala sobre seus efeitos para o controle do apetite e perda de gordura, e dezenas, talvez centenas de pesquisas já foram conduzidas nesse sentido. Apesar de alguns resultados terem sido inconclusivos, e outros não apontarem nenhum efeito, a maioria dos estudos sugerem para uma reação positiva nesse sentido.

Em algumas dessas pesquisas, os autores chegaram à conclusão de que esse chá exerce efeito termogênico e oxidante de gorduras, ou seja, eleva a temperatura corporal, fazendo o corpo queimar calorias através da perda de calor, e facilita o processo de utilização da gordura estocada como fonte de energia. Ele também exerce, segundo alguns autores, efeito redutor de apetite.

Um dado curioso é que as doses empregadas nos testes foram altas e utilizadas com frequência diária de no mínimo três vezes, algo incompatível com o estilo de vida da maioria das pessoas. Tomado dessa forma regrada, assume de certa forma o posto de uma medicação, tendo necessidade de administrações diárias em certos horários e dosagens predeterminadas. A *American Dietetic Association* recomenda o consumo de 4 a 6 xícaras do chá diariamente para a obtenção de efeitos benéficos à saúde.

Mas algumas pesquisas não encontraram absolutamente nenhum resultado favorável sobre os níveis de gordura das pessoas estudadas, não houve diferença entre as composições corporais dos grupos que tomaram o chá e dos que tomaram apenas placebo!

De qualquer maneira, mesmo que os compostos do chá verde atuem favoravelmente sobre o metabolismo das gorduras, esse é um efeito muito limitado, que representa muito pouco considerando o indivíduo como um todo. Não se pode esperar que um simples chá elimine facilmente toda a gordura corporal adquirida, às vezes durante anos e anos. Ele pode ser um pequeno mediador do processo, mas extravagâncias alimentares e sedentarismo não podem ter suas consequências revertidas de uma forma tão simplória.

Estudos semelhantes são feitos em pessoas utilizando o chá preto e o café. Talvez as pessoas que utilizem muito essas bebidas passem a comer menos, até porque elas teriam dessa forma sempre algum volume no estômago. Pode ser então que não sejam os compostos bioativos que exerçam efeito direto na perda de gordura, e sim uma mudança significativa nos hábitos alimentares.

Para os mais crédulos, entretanto, fica o alerta de que o consumo exagerado de chá verde pode ocasionar problemas gastrointestinais, disfunção hepática, hiperatividade, insônia, hipertensão e arritmias cardíacas. E quando tomado junto às refeições, esse chá diminui a biodisponibilidade de alguns nutrientes.

Por fim, recomenda-se que a ingestão de chá verde, para fins de emagrecimento, seja acompanhada de uma dieta de baixas calorias e associada com alguma atividade física. Já vimos essa história antes!

ÁGUA

Sempre ouvimos falar muito bem da água. É saudável, refrescante e serve para um monte de coisas boas. Seu consumo torna a pele mais jovem, melhora várias funções orgânicas e emagrece. Será?

Quando o assunto é emagrecer, o tema "consumo de água" sempre vem à tona. Recentemente houve a divulgação de uma pesquisa conduzida por especialistas da Universidade da Virgínia, nos EUA. Segundo eles, o consumo de água cerca de meia a uma hora antes das principais refeições contribuiria para a perda de peso.

A base científica por trás disso é que, no estômago, a água ingerida acionaria a leptina; quando essa água chega ao intestino, seria a vez do PYY. Como sabemos, esses são dois dos principais hormônios que sinalizam a saciedade. Assim, na hora de comer a pessoa sentiria menos fome, comeria porções menores e com isso emagreceria.

Parece óbvio que, ao se ingerir um determinado volume de água, a distensão estomacal por si só já provocaria uma certa saciedade momentânea. Vamos à pesquisa para entender o que de fato acontece:

As pessoas pesquisadas foram divididas em dois grupos, o primeiro adotou uma dieta de restrição calórica e bebia água antes das principais refeições. O outro grupo ficou apenas com a restrição calórica, sem se preocupar com a ingestão de água. Todos os participantes estavam consideravelmente acima do peso ou eram obesos. Após três meses, o primeiro grupo havia perdido 15 quilos e meio, contra os 11 quilos que o segundo grupo perdeu.

Imagine um obeso de 130 quilos. Se pertencesse ao primeiro grupo, que perdeu 15,5 quilos, ele passaria a pesar 114,5 quilos. Se pertencesse ao segundo, que perdeu 11 quilos, passaria a pesar 119 quilos. Houve diferença significativa? É claro que não! Quando você olha um obeso andando na rua, você não diferencia um de 119 quilos e um de 114,5 quilos, na prática são duas pessoas muito pesadas e de silhueta grande.

Como sabemos que o peso perdido gira em função do peso atual, uma pessoa que pesa 80 quilos acabaria por perder muito menos do que os 15,5 mostrados pela pesquisa. Por exemplo, talvez perdesse uns 8 quilos bebendo água antes das refeições, contra 5,6 caso não bebesse água.

O que acontece é que essa perda mais acelerada para quem bebe mais água é apenas no início, à medida que os meses de dieta vão transcorrendo, a diferença entre os grupos torna-se menor, tendendo a desaparecer.

Sempre que se recomenda aumentar o consumo de água, recomenda-se também a prática de atividade física e uma dieta de baixas calorias. Conclusão? Como são esses os fatores que realmente influenciam na perda de peso, no final das contas, esse negócio de tomar água não passa de mais um alarde em torno de uma fórmula mágica!

PREPARADOS EM PÓ – SUBSTITUTOS DE REFEIÇÕES

A proposta é interessante: substitui-se uma ou duas refeições diárias por um *shake* balanceado, com quantidades equilibradas de nutrientes e com o mínimo de calorias possível. Assim a pessoa ingere menos calorias sem prejuízo para a saúde.

Pontos negativos: em primeiro lugar não sabemos se essas substâncias contém mesmo tudo o que citam no rótulo, de forma que o seu uso em substituição a uma refeição variada pode comprometer a aquisição de algum ou alguns nutrientes. Em segundo lugar, esses *shakes* em pó são altamente enjoativos, após algumas semanas o consumidor não aguenta sequer sentir o cheio do produto, tornando a adesão a ele muito limitada.

Enfim, se todos esses produtos funcionassem de fato, não deveriam existir no mundo pessoas com sobrepeso e muito menos obesas. Todos poderiam comer à vontade e só seria gordo quem quisesse. Daqui a pouco estarão vendendo varinha de condão emagrecedora, bonequinho Vodu antiobesidade, amuletos mágicos...

Pare de gastar tempo e dinheiro com produtos inertes, não acredite nessas bobagens. Se está em busca de resultados sólidos, prepare-se para mudar seus conceitos de alimentação e estilo de vida.

O grande problema de se estudar usuários de quaisquer substâncias naturais é que, ao iniciarem o consumo, muitas vezes acabam por alterar inconscientemente sua dieta, invalidando o efeito isolado do produto em questão. As pesquisas não são 100% conclusivas porque é muito difícil determinar com precisão os hábitos alimentares e o estilo de vida de todos os envolvidos!

ALIMENTOS QUE ENGORDAM — REALIDADE OU FICÇÃO?

Essa história começa da seguinte maneira: todos os alimentos disponíveis podem conter quantidades variadas de carboidratos, gorduras e proteínas. Os alimentos gordurosos, como amanteigados, frituras e coisas do tipo levam a culpa porque a gordura fornece nove calorias por grama, mais que o dobro dos carboidratos e proteínas, que nos fornecem "apenas" quatro calorias.

Toda a vez que nos deparamos com algum informativo sobre emagrecimento, é citada uma lista de alimentos proibidos, aqueles que fazem as pessoas engordarem caso sejam consumidos com uma certa frequência. Nessa extensa "lista negra" se encontram as massas, os doces, as frituras, os refrigerantes e os *fast-foods* em geral.

Enfim, isso é de conhecimento geral, todo mundo já sabe, ou pelo menos deveria saber, já que informações desse tipo nos bombardeiam todos os dias, vindos do rádio, televisão e revistas. Os norte-americanos vivem sob alerta dos órgãos governamentais que regulam a saúde – são constantemente advertidos sobre os males da obesidade e como devem se alimentar. São grandes consumidores de produtos *light* e *diet*. E também são o povo mais obeso do mundo moderno!

Nos EUA proliferam a criação e venda de produtos com zero caloria (como refrigerantes) ou teor calórico reduzido, e mesmo assim a população não está emagrecendo, pelo contrário, está se tornando cada vez mais obesa. Esse interessante paradoxo só vem provar o que estamos afirmando: quando ingerimos menos calorias do que estamos acostumados, nosso organismo vai buscar em outras fontes o montante total, até se sentir confortável novamente. Ao ingerirmos menos do que o habitual, sentiremos fome, o que leva ao desconforto e instintivamente iremos comer mais, caso não estejamos conscientes desse fato e façamos uma intervenção previamente planejada.

Isso porque, como já dissemos, muito mais importante do que classificar os alimentos como calóricos ou não é regular a quantidade ingerida, não importando tanto o tipo.

Já repararam que os grandes consumidores dos produtos *diet* são justamente as pessoas que estão acima do peso? Se esses produtos realmente funcionassem, em pouco tempo esses gordinhos não deveriam mais precisar deles. O mais comum é que essas pessoas não percam absolutamente peso nenhum por utilizarem produtos com taxas reduzidas de gorduras e açúcar.

É como no caso do sal *light*, que apresenta teores reduzidos de sódio. Como ele salga menos do que o produto convencional, a tendência é que as pessoas utilizem uma quantidade maior desse produto. No final das contas acabam ingerindo a mesma quantidade de sódio. Não adianta nada.

Um exemplo de tentativa de redução calórica ineficaz: um indivíduo está acima do peso, e sua dieta diária é composta de 4000 calorias. Sabendo da necessidade de emagrecer e do impacto negativo que o consumo diário de um litro de refrigerante vinha tendo sobre a sua saúde, essa pessoa resolve substituí-lo por refrigerante com 0% de caloria. Essa manobra retira do seu consumo diário cerca de 390 calorias, (quase 10% do total), o que faria essa pessoa perder peso rapidamente em questão de semanas. Mas por que isso não acontece?

Como mecanismo de sobrevivência, essa redução calórica é interpretada pelo organismo como situação de déficit. Acostumado com 4000 calorias, a correção deve ser feita rapidamente, caso contrário a privação poderá levar à morte. Parece exagero, mas é assim que o nosso corpo "pensa".

Assim, o refrigerante eliminado da dieta vai ser instintivamente substituído por outra coisa. Pode ser que durante o almoço essa pessoa do exemplo coma um pouco mais, mas o mais frequente é que a fome apareça mais cedo, antecipando a próxima refeição, ou ainda, comendo a mais no horário normal da próxima refeição. É por isso que tantas pessoas não conseguem emagrecer quando retiram da dieta algumas calorias, sejam elas na forma de guloseimas ou não. Na verdade elas não estão retirando nada, estão simplesmente redistribuindo o montante calórico, mas ao final do dia acabaram por comer o mesmo tanto ou até mais.

O fato é que, quando eliminamos algo da dieta, inadvertidamente acabamos por fazer a substituição por outra coisa. Algumas vezes isso é muito proveitoso em termos de saúde, por exemplo, quando eliminamos o sanduíche do *fast-food* por um prato de comida caseira. Pelo menos, agregamos às calorias consumidas nutrientes importantes, como vitaminas e minerais, e retiramos boa parte de gorduras, açúcares e sódio, nossos grandes vilões alimentares.

Caso não se tenha controle emocional sobre a fome e a gulodice, o mais prudente é retirar as calorias de forma muito gradual e ficar atento a qualquer incoerência na dieta. Nada de compensar o que se retirou com outra coisa qualquer.

Um pensamento muito comum é o de trocar um item calórico por algo mais saudável, tipo substituir o chocolate da sobremesa por uma maçã. Aplausos pela iniciativa, mas...

O chocolate, por ser bem mais calórico do que a maçã, agrega calorias ao montante total consumido normalmente em um dia, e, ao ser substituído por uma fruta pouco calórica, vai gerar um déficit, girando as engrenagens da fome, que no final das contas vai acabar trabalhando contra o emagrecimento.

Por outro lado, vemos pessoas magras se fartando de batatas fritas, bolachas recheadas e outras guloseimas calóricas, o que parece intrigar e irritar os gordinhos. O que acontece é que, de qualquer forma, essas pessoas se mantêm magras não porque escolhem bem os alimentos, mas porque escolhem bem as quantidades.

Podem até comer *fast-food* calórico todo dia, o que apesar de nada saudável, não é suficiente para fazer essas pessoas engordarem, seja porque elas são fisicamente muito ativas, seja porque nas outras refeições o consumo calórico é pequeno. Não podemos descartar também a possibilidade de essas pessoas terem um metabolismo basal mais ativo.

Cuidado: a tendência do corpo humano é sempre a manutenção ou o aumento do consumo de calorias, por isso é que engordamos com o passar dos anos.

Portanto, a culpa recai não sobre determinados alimentos, mas sobre a quantidade ingerida de cada um deles. É claro que se pode comer uma quantidade muito maior de folhas e frutas do que de carnes, bolachas e chocolates. Mas quem come alimentos naturais e pouco calóricos tende a só se satisfazer com porções maiores, e quem come alimentos calóricos pode se satisfazer (ou não) com porções menores. No final acaba dando no mesmo.

A prova disso são os vegetarianos radicais (vegans), que ingerem alimentos de densidade menor e sentem fome com mais frequência do que os onívoros. Essas pessoas devem se alimentar com uma frequência maior, várias vezes ao dia.

Imagine-se trancado em uma casa onde se dispõe apenas de frutas, folhas e legumes. Se você está acostumado a ingerir 3.000 calorias/dia, você terá de obter essa energia dessas fontes alimentares, não se iluda achando que por serem alimentos naturais e saudáveis você irá emagrecer! A tendência é que se faça refeições mais frequentes e com porções maiores. O que provavelmente aconteceria é que, pelo fato da dieta ter se tornado menos apetitosa, ela não estimularia mais a gulodice e a pessoa passasse a comer menos, mesmo sentindo fome em alguns períodos do dia.

Agora iremos lhe transportar para uma temporada numa casa onde a despensa ofereça carnes, frituras, sorvetes, bolos e todas as guloseimas disponíveis. A tendência inicial será você buscar ainda as mesmas 3000 calorias/dia a que está acostumado, e sendo esses alimentos mais calóricos, a frequência de refeições será menor do que no exemplo anterior.

Mas porque então as guloseimas são as vilãs da obesidade? E porque os vegetarianos que citamos e pessoas que evitam guloseimas geralmente são pessoas mais magras? Bom, alguém conhece algum ser humano que se tornou obeso comendo saladinha e tomando laranjada? Alimentos gordurosos, frituras e doces aguçam nosso paladar e nos fazem comer por simples gulodice. A culpa não é desses alimentos em si, mas do uso que fazemos dele. Ninguém engorda comendo salada, simplesmente porque salada não é um prato apetitoso para a quase totalidade das pessoas.

Após o almoço, muitas vezes sentimos vontade de saborear um sorvete ou comer chocolate, mas ninguém sente vontade de comer uma alface ou uma cenoura ralada. E quem trocaria com satisfação de paladar uma esfiha por uma maça? Ou sente subitamente vontade de comer umas rodelas de tomate, enquanto se dispõe de torta de frango ou bolo de chocolate na geladeira?

As dietas à base de alimentos naturais e de baixa caloria emagrecem não porque são pouco calóricos: se fossem apetitosos acabaríamos por comer mais deles, sabotando a dieta. Emagrecem justamente porque, sendo menos palatáveis, simplesmente não estimulam tanto a gulodice, fazendo com que comamos menos.

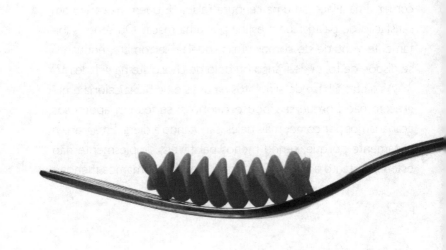

APELAÇÃO CONSUMISTA: AS ARMADILHAS DA INDÚSTRIA ALIMENTAR E DO *FAST-FOOD*

Todos nós gostamos de levar vantagem em tudo, tanto nas relações pessoais quanto nas relações comerciais. Nas grandes redes de lanchonetes, esbarramos a todo momento com grandes "promoções", do tipo pague X e leve o dobro, mais uma porção por um real, e por aí vai. Encantados com a possibilidade de obter vantagem, acabamos por cair nessa armadilha calórica; são poucas as pessoas que pensam racionalmente nesse fato, principalmente quando o assunto é comida.

O pior é que realmente fica mais caro pagar pelas porções menores. Quando fazemos a conta, centavo por centavo e quilo por quilo de comida, a racionalidade monetária nos leva para o caminho da quantidade. Esse é um dos motivos pelos quais quem frequenta esses lugares com certa regularidade invariavelmente acaba engordando.

Conhecemos um sujeito que por questões de praticidade almoça durante a semana em redes de *fast-food*. Apesar de procurar variar o cardápio, a refeição é sempre composta por um prato de comida, uma porção de fritas e um *milk-shake* de sobremesa. Ele relata que, embora estivesse com uns quilinhos sobrando, após algumas semanas ele notou que estava se tornando mais gordo, mas que não foi difícil identificar o culpado, ou melhor dizendo, a culpada.

Acontece que essa rede tinha lançado a promoção do dobro por um real. Para um glutão ou um muquirana, essa promoção é algo irresistível! Ele pagava mais um real e tinha direito ao dobro de batata frita. Só esqueceram de mencionar que também colocariam no seu organismo o dobro de calorias, e com isso fatalmente ele iria engordar!

Essas promoções na verdade são truques muito bem elaborados de *marketing* para vender cada vez mais. Afinal, ninguém dá nada de graça, muito menos no comércio, onde o objetivo é única e exclusivamente o lucro. Essas lojas não estão tendo prejuízo ao dobrar a porção por mais uns trocados; o que acontece é que na verdade a porção menor é relativamente mais cara que a maior justamente para iludir o consumidor. E quem não está atento ao seu peso e a sua saúde, mas apenas ao lucro aparente, vai cair nessa armadilha facilmente.

Se um refrigerante de 300 ml custa quase o mesmo que um de 500 ml, por que não comprar o maior? E por um pouco mais de dinheiro, levamos logo o de 700 ml. E essa mesma lógica de preços se aplica também às batatas fritas, quanto maior a porção, relativamente menor é o preço dela.

A um prato de comida podemos adicionar uma porção extra de qualquer coisa por um preço muito barato em relação ao valor original. Fizemos uma pesquisa em várias lojas de duas redes de *fast-food*, para sabermos quais porções são as mais pedidas, dentre todos os tamanhos disponíveis.

Os atendentes entrevistados relataram que as vendas de porções grandes são muito superiores às pequenas e médias. Os itens campeões parecem ser as batatas fritas e os refrigerantes, seguidos pelos *milk-shakes*. Todos eles afirmaram que as porções maiores vendem mais por serem relativamente mais baratas do que as outras. O principal público-alvo das porções menores são as crianças pequenas.

Nos EUA, as porções de comida são assustadoras: baratas e cada vez maiores. No ano da fundação do Mc Donald's, o hambúrguer do *cheeseburguer* pesava 45 gramas; hoje ele já pesa 230 gramas. E o consumo é incentivado de todas as formas, inclusive no preço: em algumas lojas de conveniência, uma garrafa de refrigerante de dois litros custa um dólar e cinquenta centavos, enquanto a de um litro custa 2 dólares. Até por aqui a mania do *king size* vem se espalhando: a garrafinha de Coca-Cola original que continha 235 ml deu lugar a de 290 ml, mas esta quase não é páreo para a latinha de 350 ml e a embalagem plástica de 600 ml.

Atualmente a alimentação fora de casa está se tornando uma realidade para um número cada vez maior de pessoas, principalmente as que habitam os grandes centros urbanos. A oferta e variedade de restaurantes, lanchonetes e bares é sempre muito grande, e a necessidade de ganhar tempo parece não deixar muita escolha.

Uma pesquisa muito interessante mostra que uma grande parte das pessoas, ao fazer suas compras na feira e no supermercado, se preocupa em adquirir alimentos saudáveis e menos calóricos, como frutas e verduras. Curiosamente essas mesmas pessoas, quando se veem frente a um *buffet* de *self-service*, dispensam a salada e se servem de massas, carnes e outros alimentos de conteúdo calórico mais elevado. Como vimos que nosso instinto é o de abocanhar logo os alimentos mais calóricos, esse fato não é de se estranhar.

Em casa estabelecemos um certo ritual, o ato de comprar, preparar e lavar todos os vegetais que compramos de certa forma nos obriga a comê-los. Mas, diante de uma grande variedade de pratos prontos, a tendência é partir logo para os mais apetitosos. Há ainda a questão da praticidade, já que a maioria das frutas precisa ser lavada e descascada, e os legumes, além disso, precisam ser cozidos.

Existem os que, apesar de comerem a saladinha de entrada, nem por isso deixam de se fartar de quase todos os alimentos oferecidos. E existem ainda os moderados, que sabem montar um prato variado, colorido, e o principal para se manter em forma: um prato na quantidade certa para suas necessidades energéticas.

De qualquer forma, quem faz quase todas as suas refeições fora de casa tende a ingerir mais sódio, açúcar e gordura. Não só por opção, mas ainda porque esses ingredientes muitas vezes estão escondidos nos alimentos oferecidos: por fim comemos um monte de lixo desnecessário, muitas vezes sem sequer perceber.

Fora esses pequenos truques comerciais que acabam por nos engordar, temos outras armadilhas calóricas prontas para nos seduzir nos momentos de fraqueza. Guloseimas são vendidas em qualquer lugar: postos de gasolina, caixas de lojas, açougues, farmácias e por vendedores ambulantes. Quantas vezes você parou em um posto de combustível apenas para abastecer o carro, mas ao pagar a conta acabou comprando um chocolate que estava bem na sua frente, ao lado da máquina de cartão, no caixa? Ele não estava nos seus planos, mas a facilidade em adquiri-lo fez com que comesse fora de hora.

Outro fator de atração para o consumidor são as embalagens dos produtos alimentícios. A maioria das pessoas desconhece, mas existe uma crescente demanda por profissionais de *marketing* na indústria alimentícia, visando à elaboração de rótulos, etiquetas e embalagens. Saibam os mais ingênuos que só no ano de 2006 as maiores indústrias de alimentos e bebidas desembolsaram aproximadamente 13 bilhões de dólares em propaganda.

É montado todo um aparato para que o consumidor tenha sua atenção atraída por determinada marca, fazendo com que ele a adquira sempre. É uma verdadeira sedução comercial. Alguns estudos apontam que o setor de alimentos é um dos mais afetados pela ação do *marketing* de embalagens, e quando nos damos conta de quão variadas são as suas funções, nós entendemos o porquê. A embalagem não visa só à conservação da comida industrializada, mas também apresenta as propriedades de comunicação, de informação e até de agregar valor ao um produto. Qual habitante da Terra não conhece a logomarca da Coca-Cola?

Certas embalagens apresentam um sutil encantamento mágico, como produtos específicos para crianças, algumas vezes auxiliados por personagens muito conhecidos do público infantil. Produtos assim despertam a simpatia do consumidor, inspiram confiança e segurança, acabando por atrair compradores de todas as faixas etárias.

Como o alimento vem fechado em caixas, os seus principais atrativos que deveriam ser a cor e o cheiro dão lugar ao apelo visual, minuciosamente elaborado. Quando vamos à feira, escolhemos o alimento pela textura, pela cor e pelo aroma; nas prateleiras dos supermercados os alimentos industrializados são escolhidos pelo visual que nos é apresentado.

Todas as formas, estilos de letras e números, e claro, as cores utilizadas, visam atingir em cheio as emoções do consumidor. E é essa relação emocional que desenvolvemos com um determinado produto ou marca que nos leva a sermos consumidores assíduos.

A indústria do *marketing* sabe exatamente como atingir cada público específico, utilizando-se de artimanhas que na maioria das vezes passam desapercebidas por nós. Sabe-se que, de forma geral, mulheres são mais vulneráveis à beleza externa das embalagens, enquanto o público masculino tende a valorizar mais o aspecto prático de um determinado produto. Pessoas casadas e que tenham filhos se interessam por produtos com ilustrações infantis e que informem em detalhes todos os aspectos de segurança. Solteiros costumam optar por embalagens que, além de oferecer praticidade, ofereçam quantidades reduzidas ou individuais.

As redes de *fast-food* famosas associam seus lanches a promoções que oferecem brinquedos, utilizam celebridades em suas propagandas e criam personagens e músicas cuja melodia apelativa se fixa na mente do consumidor.

> **"Dois hambúrgueres, alface, queijo, molho especial, cebola, picles, no pão com gergelim!"**

Vejamos agora o estrago causado na saúde de uma criança, quando a levamos para uma "Mac tarde feliz":

Um lanche de uma promoção qualquer, tendo como base um sanduíche, uma porção de batata frita pequena e um copo de refrigerante pequeno – 300 ml pode conter 254% do sódio recomendado para uma criança, algumas vezes chegando até a 340%! Se o consumo desse tipo de alimento for habitual, é de se estranhar tantos casos de crianças hipertensas hoje em dia? A quantidade de gordura saturada varia de 55 a 65%, uma quantidade muito alta para ser ingerida de uma vez só, e que sem margem de dúvida contribui muito para os casos de obesidade infantil.

Para esse público os *fast-foods* oferecem brinquedos nas suas promoções, alguns deles são os próprios mascotes da rede. Existe toda uma preocupação em ocultar a baixa qualidade nutricional da comida que é produzida, e por isso adotam a manobra de desviar a atenção para cores, músicas e brinquedos.

As estratégias de venda evitam a todo custo tocar nesse mérito, pois é esse justamente o seu calcanhar de Aquiles. A comida é vista como algo alegre e divertido, mas seus efeitos sobre a saúde dos consumidores, principalmente das crianças, não tem nada de engraçado.

Como podemos ver, existe uma forte campanha de sedução por parte da indústria alimentícia em relação ao consumidor. Ao comprarmos alimentos naturais não há muita coisa a ser feita, batata é sempre batata, como torná-la mais atrativa do que ela sempre foi? Alguns aperfeiçoamentos foram adotados pela agricultura, e é claro que os pontos de venda procuram oferecer alimentos frescos e de boa aparência, mas as alternativas de venda terminam por aí. Por isso, quando for optar por alimentos industrializados, preste muita atenção no que está adquirindo, e se você realmente precisa deles. Pode ser que você esteja comprando a embalagem e não o produto em si.

Uma outra maneira de fidelizar o consumidor é a adição dos aditivos alimentares. No Brasil, eles são definidos como substâncias intencionalmente adicionadas ao alimento, com a finalidade de conservar, intensificar ou modificar suas propriedades, desde que não prejudiquem o seu valor nutritivo. A história desses produtos iniciou-se em 1924 nos EUA, com o iodo sendo acrescentado no sal de cozinha como medida preventiva ao bócio, doença causada pela deficiência desse mineral.

Claro que se pode considerar o sal como o primeiro aditivo, mas estamos nos referindo aqui a produtos industrializados e produzidos em larga escala.

O conceito de aditivo alimentar é bastante elástico, podendo variar de um país para o outro. Uma determinada substância considerada um aditivo legal pode não o ser em um país vizinho. Nem todos os aditivos atualmente utilizados têm uma regulamentação federal normatizando o seu uso. Alguns deles visam apenas prolongar a vida útil dos alimentos, de forma a preservá-los da ação nociva de enzimas, fungos, bactérias, da umidade e do próprio oxigênio. Outros já estão diretamente envolvidos com o apelo comercial, pois mudam ou acentuam o gosto, os aromas e a textura: agindo na aparência final, passam a ter tanta ou mais importância do que a embalagem, que, como vimos, é cuidadosamente elaborada.

De qualquer forma, sem a adição desses agentes químicos, a indústria alimentícia não teria chegado ao patamar que se encontra hoje; seria mesmo impossível a comercialização de uma enorme parte do que encontramos atualmente nos supermercados. Experimente embalar e estocar os alimentos em estado natural que você tem em sua casa, e veja quanto tempo iriam durar e se não iriam sofrer drásticas mudanças de textura, coloração e sabor, sem o uso dos aditivos químicos artificiais.

Entre os mais usados, estão os umectantes, estabilizantes, corantes, flavorizantes, acidulantes, antioxidantes, antiumectantes e aromatizantes.

DESBANCANDO AS DIETAS

Existem centenas de dietas, elas aparecem todos os dias em certas revistas "especializadas", programas de televisão e em vários *sites* da internet. Como precisaríamos de um livro só para citar todas elas, vamos analisar algumas dietas da moda e mostrar o quanto de verdade e o quanto de bobagem e ilusão elas nos apresentam.

Antes de mais nada, diremos que a configuração dessas dietas é sempre a mesma: restringem certas classes de alimentos, tornando as opções enjoativas, e é isso que faz com que as pessoas comam menos. Sabemos que um grande inimigo da perda de peso é a variedade de uma dieta – quanto mais alimentos diferentes dispomos, mais comemos. Ao restringirmos a variedade, a dieta se torna enjoativa e automaticamente a pessoa come menos.

DIETA DAS PROTEÍNAS OU DIETA CETOGÊNICA

Essa é uma dieta diferente das demais no sentido de não restringir diretamente as calorias consumidas. Ela preconiza o consumo liberado de proteínas e gorduras, e risca do cardápio qualquer tipo de carboidrato. Assim, de todas as centenas de alimentos disponíveis, somos bruscamente reduzidos a um cardápio de grande restrição qualitativa.

Uma vez que os carboidratos saem de cena, restam apenas as carnes, os queijos e os ovos, ou seja, a alimentação de um esquimó que vivia no início do século passado. Os idealizadores dessa dieta partem do princípio que ninguém consegue comer os alimentos permitidos em grandes quantidades, portanto, irão emagrecer. Realmente, comer apenas isso torna-se insalubre após alguns dias. Experimente acordar e comer queijo, presunto, bacon ou ovos. No almoço, tome lá mais carne. E que tal provolone no lanche da tarde? Afinal, um ovinho frito o espera na janta.

Após três ou quatro dias a pessoa já está saturada com tanta gordura e tanto sal. Já que fritar um bife logo de manhã não é lá muito viável, uma boa parte dessa dieta é composta por frios, que, além de grande quantidade de conservantes (nitratos e nitritos), apresentam elevados teores de sódio. E dá-lhe água...

O carboidrato é o alimento mais abundante na natureza, e não é à toa. Temos uma enormidade de frutas, folhas e legumes na natureza, e ao se retirar esses carboidratos da dieta, a pessoa se sente nervosa, irritada, sofre de cansaço e ainda por cima o intestino entra em estado de animação suspensa, já que as fibras são retiradas da dieta. Algumas dietas cetogênicas permitem o consumo de algumas folhas, mas que são insuficientes para repor toda a fibra retirada.

O consumo exclusivo de carnes, ovos e queijos restringem a aquisição de importantes elementos que necessitamos para uma boa saúde. As vitaminas hidrossolúveis são depletadas rapidamente, assim como alguns minerais. A alternativa para se evitar essas privações é tomar muitos complementos multivitamínicos sintéticos, ou então fazer como os esquimós, que comem muito fígado cru! Alguém se habilita? Essa dieta não funciona a longo prazo porque, ao olhar para uma fatia de bolo, um pão com manteiga ou uma fruta, o apetite específico para o carboidrato e pelas vitaminas das frutas se manifesta rapidamente, tornando esses alimentos irresistíveis. Mais cedo ou mais tarde você voltará a se alimentar normalmente, e então...

DIETA DAS FRUTAS

Por quanto tempo um ser humano pode viver somente comendo frutas? Outra grande bobagem, essa dieta é o modelo reverso da anterior, restringe as fontes de proteínas e libera todo o tipo de frutas. A pessoa passa a ingerir bem menos gorduras saturadas e colesterol, mas ao custo de uma quantidade insuficiente de proteínas, ferro, zinco, cálcio, vitamina B12, todos muito importantes para que o nosso organismo funcione perfeitamente. Provavelmente ocorrerá muita perda de massa muscular, fazendo o metabolismo de repouso desacelerar.

Como essa dieta é basicamente composta por açúcar (frutose), além de ficar desnutrida, a pessoa sentirá fome constantemente e terá de passar o dia todo comendo. As consequências para a saúde não serão nada boas. Fique longe de dietas muito restritivas.

DIETA DO ABACATE

Essa hilária dieta consiste em realizar seis refeições diárias, três das quais contendo abacate. Ela não estabelece cotas de alimentos nem de calorias, apenas orienta de forma genérica sobre opções saudáveis de cardápio, deixando a pessoa com liberdade para comer o que desejar. Uma dieta que permite comer o que quiser, seis vezes por dia? Se alguém realmente acredita nisso, pare de ler esse livro imediatamente e vá abastecer sua fruteira com abacates. No caminho, aproveite para comprar roupas maiores, porque muito em breve você irá precisar delas!

Um mínimo de bom senso já é suficiente para nos mostrar o óbvio: ninguém irá emagrecer procedendo dessa forma. E, ainda por cima, ao se acrescentar essa fruta que é bem calórica, três vezes ao dia, a pessoa provavelmente irá engordar. Puro papo furado!

DIETA DO SUPER CAFÉ DA MANHÃ

Essa dieta é originária dos EUA, mais precisamente da Universidade da Virgínia. Alguém aí confia em norte-americanos quando o assunto é perder peso? Ela nada mais é do que uma redistribuição das calorias ingeridas ao longo do dia. Preconiza que 50% das calorias consumidas devem estar presentes no café da manhã, o que ocasionaria menos fome ao longo do dia.

Bom, 99% das pessoas não têm a mínima ideia de quantas calorias necessitam diariamente, nem do quanto irão comer no restante do dia. E 100% delas, mesmo que saiba, não vai perder tempo contando! É claro que, ao remanejar as refeições dessa forma, a pessoa acabará por comer menos no almoço. Mas só isso não lhe dará garantia alguma de que você irá comer menos também nas outras refeições. Em geral, o norte-americano já come bastante no café da manhã, e nem por isso deixa de se fartar o resto do dia.

Definitivamente não funciona!

A DIETA DE *SOUTH BEACH*

Mais uma dieta norte-americana! Esse sistema retira todos os carboidratos nas semanas iniciais, para depois reintroduzir apenas os de absorção mais lenta pelo organismo, como grãos, massas e farinhas integrais, e também algumas frutas e leguminosas.

Ela baseia-se no fato de que as pessoas nunca mais irão comer os alimentos proibidos, mas que garantia teremos disso? Quem pode dizer com 100% de certeza que nunca mais irá tomar um sorvete ou comer um doce na vida? Poderá funcionar caso a pessoa coma pouco os alimentos permitidos, mas, sendo assim, por que não emagrecer comendo de tudo um pouco? O que serve realmente para emagrecer é cortar as calorias em excesso, e não uma fonte específica delas.

CHICLETE(!?!)

Essa pesquisa foi feita pelo Centro de Pesquisas Biomédicas Pennington, Lousiana, também nos EUA. Seus cientistas afirmam que pessoas que fazem uso frequente de chicletes (sem açúcar) tendem a comer menos doces, o que contribui para um menor consumo calórico diário! De acordo com os estudos conduzidos por essa equipe, as pessoas pesquisadas apresentaram menor desejo por doces e guloseimas, bem como tiveram menores eventos de fome durante o dia.

Mas o quanto de chiclete é necessário para isso? Os 115 voluntários mascaram 15 minutos de chiclete sem açúcar a cada hora, o que parece muito para a maioria das pessoas. Além disso, considerando que ficamos acordados (e, portanto, suscetíveis a sentir fome) pelo menos 14 horas por dia, seriam necessárias no mínimo a mesma quantidade de unidades de chiclete diariamente.

Devemos salientar ainda que os vários tipos de adoçantes utilizados nos chicletes sem açúcar podem acarretar problemas gastrointestinais; o sorbitol, por exemplo, tem lenta absorção e em determinadas quantidades pode desencadear diarreia.

DIETA COM A RAÇÃO HUMANA

Muito comentada atualmente, promete muitas coisas, entre elas a perda de peso real e duradoura. Bom demais para ser verdade, não? A "ração" humana, apesar de algumas variações na sua composição, geralmente é um mix de farelo de trigo, linhaça, aveia, amêndoa, castanha-do-pará, gérmen de trigo, semente de gergelim e leite de soja. Apesar de ótima para a saúde devido ao seu conteúdo de fibras, boas gorduras e minerais, é um composto muito calórico.

Existem dezenas de relatos de pessoas que emagreceram utilizando-na, mas não espere milagres: na verdade, o que houve foi uma substituição, as pessoas que perderam peso foram as que trocaram o seu volumoso almoço ou jantar por um copo de leite desnatado com a ração humana. O problema é que, se consumir demais, sem abrir mão de outras refeições, a pessoa na verdade irá engordar. E ademais, por ser altamente enjoativa e tomada como um "remédio", a adesão a essa dieta passa a ser muito pequena após poucas semanas.

O ponto em comum de toda dieta restritiva é algum grau de carência de determinados elementos. Como comer variado é o pilar da boa saúde, e sabendo da existência do apetite específico para certos elementos, não é de se estranhar que essas dietas são apelações emergenciais que não resolvem o que se propõem a resolver de forma definitiva!

•••
Ninguém precisa de dietas mirabolantes para perder peso, pergunte a uma pessoa magra qual dieta ela segue! Comer pouco é o que mantém as pessoas magras, funciona para todo mundo e vai funcionar para você também!
•••

O *MODUS OPERANDI* DO GLUTÃO ENRUSTIDO

Muitas pessoas que estão acima do peso passam a vida preocupadas com o que comem e tentando emagrecer ao menos um pouco. Paradoxalmente, esses gordinhos vivem de dieta e monitoram ocasionalmente a comida, elegendo alguns alimentos como "proibidos". Lamentavelmente, permanecem gordos! Socialmente se controlam, comem moderadamente e tentam parecer saudáveis, mesmo que o formato de seus corpos e as balanças quebradas que deixaram pelo caminho denunciem o contrário.

Isso ocorre porque a dieta é para "inglês ver": sob olhares alheios, a própria pessoa se julga e se condena, e não come quase nada. Mas sozinha em casa, a coisa muda de figura. Armários são destrancados, geladeiras escancaradas e micro-ondas sobrecarregados…é hora de soltar o leão faminto!

Uma outra figura curiosa é a do gordinho que passa a semana toda comendo moderadamente, escolhendo alimentos pouco calóricos e comendo-os em quantidades relativamente pequenas. Mas esse esforço todo é justamente uma desculpa para a farta recompensa alimentar que já está de antemão planejada para o fim de semana. O sinal vermelho dá lugar ao sinal verde assim que chega a sexta-feira, em que geralmente já se iniciam momentos de gula e desatino à mesa. É esse o glutão enrustido.

Novamente, esta é uma questão de pura matemática básica: comer moderadamente ou comer pouco durante quatro ou cinco dias simplesmente não compensará dois ou três dias de superalimentação, porque nesses dias de fartura os adipócitos armazenarão todo o excesso.

Nesse esquema, na melhor das hipóteses a pessoa não irá engordar, ou irá engordar somente a longo prazo, mas o emagrecimento se torna inviável.

Vamos exemplificar imaginando uma pessoa que hipoteticamente necessite de 3000 calorias diárias. Caso essa pessoa ingira 2.800 calorias diariamente, ela gera um déficit de 200 calorias/dia; durante cinco dias na semana, serão ao todo 1000 calorias perdidas. Nesse esquema ela iria emagrecer logo e de forma correta, sem radicalismos.

Mas, se durante apenas dois dias (sábado e domingo) ela extrapolar no consumo e ingerir 4000 calorias, algo que não é nem um pouco difícil, ocorrerá um superávit de 2000 calorias durante esses dois dias. Se ela criou um déficit de 1000 durante a semana, e um excedente de 2000 no final de semana, então quando consideramos a semana de sete dias na verdade não ocorreu déficit nenhum, e sim um superávit de 1000 calorias. É por isso que algumas pessoas que dizem comer "pouco" muitas vezes não entendem o porquê de estarem engordando. Na verdade elas estão sabotando a dieta, jogando na lata do lixo todo o controle que tiveram durante a semana.

Percebem o quanto é fácil repor tudo o que se perdeu? Frequentes são os casos de pessoas que assumem esse comportamento. Esse exemplo serve para ilustrar o quanto se enganam as pessoas que procuram emagrecer ou manter o peso se valendo dessa estratégia. Todo o controle alimentar que foi feito durante a semana é arruinado aos fins de semana! Claro, fazendo isso elas evitam engordar mais rapidamente, mas não estarão emagrecendo, e dentro de algum tempo fatalmente ficarão mais gordas.

Para a maioria dos gordinhos, existe sempre um motivo alheio ao seu controle que não lhes permite emagrecer. É mais fácil ele admitir um assassinato do que admitir que está gordo por sua própria culpa! As desculpas são sempre as mesmas, mas, como já sabemos agora, não passam mesmo de desculpas.

Como é impossível ficar contando a toda hora e todo santo dia as calorias gastas e as calorias ingeridas, qual deve ser o parâmetro para sabermos se a dieta está sendo eficaz? Estamos chegando ao final da nossa jornada, e é o que veremos agora.

AS TREZE REGRAS DE OURO DO EMAGRECIMENTO

O número treze tem a má fama de ser o número do azar! Mas vamos reverter esse conceito agora, porque qualquer pessoa que adotar esses treze procedimentos terá uma grande melhora na sua composição corporal, o que refletirá positivamente na sua saúde e também na sua autoestima.

Mostraremos nessa parte final do livro quais são as estratégias mais eficazes para perder peso com qualidade e segurança, explicando como executá-las e porque elas funcionam! São estratégias simples e que qualquer pessoa pode seguir, desde que estejam motivadas e que realmente queiram emagrecer.

Elas funcionam para indivíduos de qualquer idade, sexo e peso, independentemente de quais tipos de alimento estiverem habituados a comer.

REGRA Nº 1: SINTA FOME

A fome não mente! Se estiver sentindo fome você está no caminho certo, ela é parte integrante e indispensável para se poder emagrecer. Caso isso não esteja acontecendo, provavelmente você não está perdendo peso algum. Claro, ninguém gosta de sentir desconforto, e passar fome pode ser bastante incômodo. É o preço inevitável que teremos de pagar quando comemos além da conta, e mais tarde buscamos entrar em forma de novo. Se não quiser passar por isso, se controle.

> **A pessoa que se sente satisfeita o dia todo não está emagrecendo! Permita-se sentir um pouco de fome, saiba lidar com a sensação de querer comer mais.**

Se você realmente está em dieta restritiva, fatalmente irá sentir fome em algum(ns), período(s), do dia, e isso é absolutamente normal. O que fazer com essa fome é que é o problema, porque muitas pessoas não conseguem se controlar. Ao saciar a fome, quase sempre passam do ponto ótimo e ingerem mais calorias do que deviam. E quando isso acontece, na melhor das hipóteses não iremos emagrecer. Na pior, engordamos mais um pouco.

Se comermos muito pouco, a própria fome irá arruinar a dieta, pois o risco de um descontrole é muito alto.

Mas como agir então? Para ter certeza de como e do quanto comer, proceda como orientam as regras seguintes.

REGRA Nº 2: COMA APENAS PARA SACIAR A FOME – NÃO VÁ MAIS ALÉM

Traduzindo: Saiba interpretar a fome. Alimente-se de forma a avaliar constantemente essa sensação. Assim que a fome começar a ficar menos intensa, pare de comer. Com o tempo essa prática fica cada vez mais fácil, e o controle da quantidade de alimento fica muito mais acessível para você.

Alimentação antes de tudo é uma necessidade, se ela for sempre transformada em prazer, ela será também sempre abundante, porque tudo o que dá prazer nos leva a buscar mais. Cuidado com a maneira como você lida com o alimento.

Saia da mesa com um pouco de fome, quando ainda estiver com vontade de comer mais.

REGRA Nº 3: COMA DEVAGAR

Com essa diretriz é possível concretizar a anterior; somente comendo devagar nos tornamos conscientes do que e do quanto comemos. Quase toda pessoa que se alimenta apressadamente o faz em abundância e acaba engordando.

O processo de mastigação não deve ser desprezado, faça-o o máximo de vezes possível, sempre sem pressa. Não acreditamos em contar o ato de mastigar a cada garfada, como é sugerido por alguns especialistas: contar se torna monótono e as pessoas invariavelmente acabam desistindo. Simplesmente procure mastigar mais do que vinha fazendo normalmente, saboreando o alimento cada vez que for colocado à boca.

Faça do seu prato sempre um prato pequeno e coma devagar. Caso não se sinta satisfeito, dê um tempo para que seu cérebro registre a refeição, e na grande maioria das vezes a fome desaparecerá após alguns minutos. Cientificamente é determinado um tempo aproximado de quinze minutos até que isso aconteça. Como tudo o que é biológico, esse tempo não vale para todas as pessoas, existem variações de indivíduo para indivíduo. Mas seja lá qual for esse tempo para você, quanto mais devagar comer, mais próximo estará da saciedade.

REGRA Nº 4: EVITE INGERIR LÍQUIDOS DURANTE AS REFEIÇÕES

Cada vez que ingerimos líquidos junto com as refeições, principalmente as de maior volume, causamos dois problemas:

O primeiro é a dilatação do estômago, que acontece quando ingerimos certa quantidade de líquido juntamente com a comida. Claro que se for apenas um copo pequeno, não trará consequências. O problema é que esse hábito pode criar a necessidade de tomar cada vez mais líquidos durante as refeições, o que junto com a comida acaba por distender as paredes do estômago. O estômago dilatado então se habitua a um determinado volume interno de alimento, e enquanto não for atingido esse volume, a saciedade não virá.

O segundo problema envolvendo a ingestão de bebidas é que o líquido que passa pela língua acaba "lavando" as papilas gustativas, que são as estruturas responsáveis pela identificação do gosto dos alimentos. Quando o alimento vai passando sucessivamente pela boca, as papilas gustativas vão ficando saturadas e perdem um pouco a sensibilidade, tornando os sabores menos intensos. Sentindo menos gosto, comemos menos.

Quem toma líquidos com as refeições acaba por "lavar" as papilas constantemente, acentuando novamente o sabor dos alimentos. Também por serem doces, as bebidas entram em contraste com o gosto salgado, causando um círculo vicioso onde o salgado "pede" o doce e o doce "pede" o salgado, e no final das contas ingere-se mais do que o necessário.

REGRA Nº 5: FACILITE O ACESSO AO ALIMENTO, MAS DIFICULTE O ACESSO À FARTURA

Para os gordinhos, geralmente é muito difícil manter o controle diante da comida. Portanto, controle a comida previamente, e essa antecipação não lhe oferecerá alternativas. Toda vez que você sente fome, a tendência é sair comendo vorazmente a primeira coisa que estiver na sua frente. Como a disponibilidade de alimentos nesse momento é uma questão crítica, ela deve ser vetada de antemão.

Assim como não é saudável permanecer muito tempo em jejum, ter acesso fácil e irrestrito aos alimentos sem dúvida tornará o emagrecimento impossível. Para equilibrar a equação, certifique-se de ter alguma oferta de alimentos em certos momentos do dia, mas que essa oferta seja sempre limitada.

Impor limites significa adotar algumas estratégias, como levar menos dinheiro para as refeições feitas fora de casa: sem dinheiro o bastante para se empanturrar, a alternativa será comer apenas o suficiente para não ficar faminto. Sempre que possível peça algo para viagem, porque se estiver em uma lanchonete o simples estímulo visual pode fazer você comer mais. Também ao preparar seus lanches para levar para a rotina diária, diminua gradativamente as porções e quantidades.

Quando em casa, comer à mesa é como amarrar um lobo com salsichas: ele só vai parar após devorar a última. A tentação sempre vence e você acabará comendo além da conta. Faça um prato moderado e vá para bem longe, se possível suba ou desça escadas, tranque portas, enfim, torne sua volta à cozinha cansativa. Se for inevitável voltar, pelo menos espere 15 minutos para que, ao chegar lá, tenha certeza de que o seu cérebro registrou o que já foi ingerido e que você realmente necessita de mais.

> **Para cada alegria teremos uma dor, pois tudo tem um preço! Ao se deliciar e comer em excesso, deforma-se o corpo com gordura! O preço a ser pago para emagrecer será sentir fome. Coma moderadamente para não ter mais tarde que arcar com um preço muito alto.**

REGRA Nº 6: MONITORE SEU PESO CORPORAL FREQUENTEMENTE

Afinal, como confiar no seu julgamento, se até agora tudo o que ele lhe deu foi uma bela e protuberante barriga? E como acreditar na opinião de pessoas que muitas vezes mentem apenas para lhe agradar? Só há uma coisa no qual você pode depositar sua confiança: a balança! Ela não mente e é mesmo o método mais eficaz. O espelho mente (pois depende do seu julgamento, algo subjetivo), uma avaliação física é sujeita a erros e interpretações, mas a balança não: ou é ou não é, e ponto final!

Estabeleça um ritual – Escolha um dia da semana para se pesar, e faça isso toda semana. Assim terá um bom parâmetro para saber como anda a sua alimentação. Mas nada de paranoia, ficar se pesando todo dia pode ser desmotivante, porque o peso que ganhamos em meses ou anos não vai desaparecer de um dia para o outro como num passe de mágica. Se após uma semana se reeducando o seu peso ainda é o mesmo, atenção porque sua reeducação alimentar se transformou numa "reenganação" alimentar. Como já explicamos, isso é muito mais frequente do que se imagina. Acontece quando substituímos doces, frituras e outras guloseimas por alimentos que julgamos ser mais saudáveis. Entretanto, justamente por serem menos calóricos, sentimos mais fome e acabamos por comer mais desses alimentos. É o famoso "trocar seis por meia dúzia".

A única situação em que é aceitável um aumento ou a estabilização de peso é quando você sai do sedentarismo e inicia alguma atividade física, principalmente a musculação. Nesse caso vai ocorrer perda de gordura e ganho em massa muscular, e a balança vai acusar mais peso, apesar do corpo estar mais magro. Mas após alguns meses esse ganho já estará estabilizado e, se você ainda necessita perder peso, volte a se basear na balança.

Caso o seu peso esteja abaixando, ainda que lentamente, você está no caminho certo. Se com o passar das semanas ele se estabilizar e você ainda estiver longe da meta, continue reduzindo as porções dos alimentos. Daí vem a importância de se pesar toda semana, pois inicialmente é fácil perder algum peso, qualquer obeso perde um ou dois quilos somente por cortar uma ínfima quantidade de alimento ou fazer um esforço físico extra durante poucos dias. Quanto mais pesados nos tornamos, mais calorias gastamos; qualquer restrição mínima já surte efeito. O problema está em conseguir manter essa perda até o objetivo final.

Por outro lado, se depois de tudo o que você aprendeu até agora o seu peso estiver aumentando, existe uma grande chance de você querer almoçar esse livro! Ao menos leia-o até o final, pode ser que ajude na digestão!

REGRA Nº 7: REEDUQUE SEU PALADAR

O paladar é uma das coisas que mais sabotam a tentativa de emagrecimento, e também uma das coisas mais difíceis de serem mudadas. Geralmente os obesos já contam em seu currículo com anos e anos de hábitos alimentares errados que desvirtuaram seu gosto alimentar. Esses maus hábitos muitas vezes foram estabelecidos na sua infância e, nesses casos, a mudança se torna mais complicada.

Essas pessoas geralmente preferem comidas gordurosas, com muito sal e muito açúcar. E, sendo assim, se contentar com o sabor dos alimentos naturais fica muito difícil. Mas o paladar pode ser reprogramado, ele reaprende com o passar do tempo.

Comece por diminuir as quantidades de açúcar que você acrescenta no café, nos chás e nas receitas de doces. E, sempre que for possível, elimine-o por completo! Quando cozinhar, coloque pouquíssimo sal, procure realçar o sabor da comida com temperos naturais, como pimenta, cebola, alho, salsinha, cheiro verde e afins. Acostumando-se com um sabor mais sutil, a escolha por alimentos frescos e naturais fica mais fácil.

E quando utilizamos esses alimentos, a tendência é a de comer menos, dando assim um importante passo rumo ao emagrecimento. Alguém que se entupiria de chocolate provavelmente não o faria com alface temperada com limão.

REGRA Nº 8: CUIDADO NA ESCOLHA DOS ALIMENTOS QUANDO FOR ÀS COMPRAS

O maior perigo para quem pretende emagrecer é ter à disposição, em casa, alimentos desnecessários e calóricos. Geralmente a vontade de comer alguma guloseima é passageira; se não a temos à mão, não iremos nos mobilizar para comprar naquele exato momento.

Imagine-se no sofá da sua sala, depois do almoço. Surge aquela vontade extrema de comer um chocolate, mas você não tem chocolate em casa e por algum motivo não pode comprá-lo naquele momento. Após algum tempo, quando finalmente você puder comer a guloseima, a vontade já passou ou então já ficou bem menor.

Por isso, quando for abastecer sua despensa e geladeira, certifique-se de estar comprando o que é realmente necessário a sua alimentação: descarte bobagens como biscoitos recheados, refrigerantes e tantas outras guloseimas.

Planeje sua ida ao supermercado: jamais pise nesse estabelecimento com fome, isso será um erro fatal. Várias pesquisas já demonstraram que pessoas que vão ao supermercado antes das grandes refeições (em jejum) tendem a comprar mais alimentos desnecessários. Com fome, você comprará o que os olhos alcançarem e o que a carteira puder pagar.

> **Jamais vá ao supermercado quando estiver com fome. Faça-o após as refeições!**

Mesmo que o consumo não seja imediato, uma vez dentro de casa as guloseimas serão uma tentação. Então, para que correr o risco? Planeje o consumo dessas bobagens para que não se torne um hábito diário, e sim uma alegria esporádica. Planeje também as quantidades, uma barra de 180 gramas de chocolate pode ser substituída por uma bem menor.

REGRA Nº 9: SE TIVER APENAS UM DISPARO, ATIRE NO INIMIGO MAIS FORTE: MIRE NO AÇÚCAR E NÃO NA GORDURA

Todos os alimentos que fornecem calorias são compostos de proteínas, carboidratos e gorduras: uma mistura de todos eles ou de pelo menos dois, variando as proporções desses componentes em cada um. Por exemplo, os carboidratos predominam numa fatia de bolo, as gorduras e proteínas predominam nos queijos, e por aí vai.

Como já dissemos, precisamos de determinada quantidade diária de energia (calorias), e para tanto não importa a fonte e sim o montante total. Daí tanto faz se você come carnes, saladas ou guloseimas; ao ultrapassar sua cota energética, o excesso será armazenado como gordura corporal.

Cada grama de carboidrato nos fornece quatro calorias e cada grama de gordura fornece nove. Se, grama por grama, a gordura fornece mais que o dobro de calorias do que o carboidrato, por que este é mais nocivo do que a gordura?

Por que tanto alarme em relação ao açúcar? Realmente, num primeiro momento, as pessoas tendem a evitar as gorduras e não tanto o açúcar, já que gorduras são conhecidamente uma grande fonte de calorias. O que acontece é que temos um hormônio que regula a quantidade de açúcar no sangue, a quantidade de energia disponível, e também o armazenamento de gordura nos adipócitos.

Esse hormônio é a insulina, e ela é ativada em função do açúcar que comemos e não da gordura. Cada vez que nos alimentamos, nosso pâncreas secreta insulina, tendo por objetivo colocar o açúcar para dentro das células. Uma vez feito isso, teremos energia disponível para as atividades do dia a dia e para nossas funções orgânicas.

Só que a insulina é altamente ativada pela ingestão de carboidratos, principalmente os carboidratos refinados, quanto mais desses alimentos comemos, mais insulina secretamos. Essa enxurrada de insulina disponibiliza muita energia, porém, por menos tempo. Passado o pico de energia, nos sentimos famintos novamente.

Quando a refeição é feita à base de gorduras, proteínas e até de carboidratos de lenta absorção, a secreção de insulina é menor, e isso garante a saciedade por um tempo maior. Refeições ricas em carboidratos de rápida absorção (como as guloseimas à base de açúcar de mesa) ativam muita insulina, que "varre" boa parte do açúcar do sangue. E muita insulina circulante causa rompantes de fome. Quem se alimenta com esse tipo de carboidrato ao longo do dia fica "petiscando" a todo momento.

Procure riscar do seu cardápio o açúcar refinado sempre que possível. E, se puder escolher, privilegie as massas e cereais integrais em vez dos refinados.

REGRA Nº 10: NÃO ODEIE NEM TAMPOUCO IDOLATRE AS GULOSEIMAS! COMIDA É SÓ COMIDA, TRATE-A COMO TAL!

Nada de desenvolver ligações sentimentais com a comida! Não sinta aversão por nada que você goste de comer. Como sabemos agora, o responsável pela sua condição física não é um alimento específico, e sim o uso que você faz de todos eles. Também não reverencie nenhum alimento, aquele que aos finais de semana vai ser devorado aos montes como forma de "recompensa" por ter sido evitado durante vários dias.

Já vimos como os finais de semana podem arruinar muitos dias de controle dietético. É melhor tomar uma taça pequena de sorvete todos os dias, do que tomar um litro de uma vez após a feijoada de sábado!

REGRA Nº 11: NUNCA FIQUE TEMPO DEMAIS SEM COMER O QUE GOSTA, POIS QUANDO O FIZER PODERÁ SE EMPANTURRAR!

A diretriz 10 liga-se à anterior da seguinte maneira: ao tentar não reverenciar um alimento como o seu favorito, você evita-o a todo custo. Muito embora você possa controlar temporariamente uma vontade, você não pode mudar seu gosto, seu paladar. Quem tem queda por doces não pode simplesmente acordar e dizer: "De hoje em diante eu não gosto mais de doces"! E a predileção, o desejo contido, cedo ou tarde terá de ter uma vazão, e então os efeitos serão devastadores.

Se você adora pizza, por que esperar pelo fim de semana? Agindo assim, você torna uma simples refeição um ato esporádico de prazer e, sendo esporádico, você irá querer aproveitar ao máximo, comendo demais. Se em vez disso você saborear um ou dois pedaços, uma ou duas vezes por semana, estará comendo o que gosta, e de uma forma muito mais saudável e equilibrada. Não parece mais racional do que devorar uma pizza inteira de uma vez?

Quantos gordinhos conhecemos que, embora idolatrem chocolate como o Deus supremo do universo, o evitam a todo custo, apenas para em determinado dia da semana se darem ao prazer de comer uma caixa inteira de bombons?

Seria melhor comer essa mesma caixa com moderação, uma, duas ou talvez até três unidades por dia. Comer tudo de uma vez demonstra descontrole e compulsão. Não somos mais animais lutando para reter a comida conosco, um cachorro que ao ganhar um osso corre para enterrá-lo, ou que o devora de uma vez escondido dentro da sua casinha. Ninguém vai tomar a sua comida! Controle-se!

REGRA Nº 12: SE A CORRENTEZA ESTIVER FORTE DEMAIS, NÃO NADE CONTRA ELA OU IRÁ SE AFOGAR

Quando a vontade de repetir um prato ou mesmo comer uma sobremesa for forte demais, não há o que fazer. Ninguém pode controlar o que vai comer e o quanto o fará 100% do tempo.

O grande problema é o que vem em seguida, já que o pensamento comum é o de que, como houve exagero, o dia já está comprometido; a partir daí a pessoa se permite comer o quanto deseja, e procura reiniciar o consumo habitual no dia seguinte. Esse é um grande erro, na verdade o que deve ser feito é justamente o contrário: corrigir a situação ainda no mesmo dia, restringindo a quantidade na próxima refeição.

Por exemplo, quando estamos num jantar especial, numa festa ou mesmo numa reunião na casa de amigos, quase sempre temos à nossa disposição alimentos que normalmente não fazem parte do nosso cardápio rotineiro. Nessa situação, a maioria das pessoas acaba se excedendo e comendo além da conta. Sabendo disso, principalmente se o exagero foi na forma de doces, bebidas e quitutes (cujo conteúdo nutricional não é lá dos melhores), deve-se garantir que a próxima refeição seja composta por um cardápio natural, bem variado e o principal: numa quantidade extremamente pequena.

> **Quando comer em excesso, não entre em desespero nem coloque tudo a perder, corrija na próxima refeição!**

Alguém que volta de uma festa e passou da conta com os docinhos deve garantir uma refeição subsequente que lhe forneça nutrientes variados, como uma salada de frutas, salada de folhas e legumes e, para complementar, alguma porção de proteína (carne magra, queijos ou ovo). A intenção é nutrir com pequenas porções, garantindo as fibras, proteínas, vitaminas e minerais que provavelmente não foram fornecidos pela refeição anterior. Deve ser um prato pequeno e bem leve, que não satisfaça por completo a sua fome.

Na verdade um eventual ataque à despensa não trará absolutamente nenhuma consequência negativa. Mas deve ser realmente eventual, uma vez por semana já é muito!

REGRA Nº 13: ESTA É A REGRA MAIS IMPORTANTE, PORQUE RESUME TODAS AS OUTRAS: ESTEJA DISPOSTO A ABRIR MÃO!

Já repararam que tudo na vida se trata disso? Quem se casa está abrindo mão de parte da sua liberdade. Quem quer passar no vestibular ou em um concurso público deve abrir mão de horas de lazer para se dedicar aos estudos. Tudo na vida requer algum sacrifício. Lembre-se de que as coisas que chegam até nós com muita facilidade e sem esforço algum geralmente são pouco valorizadas.

Quem pretende perder peso de forma significativa, e principalmente de forma duradoura, terá de se sacrificar também. Isso significa que não poderá comer tudo o que gosta na quantidade que deseja e na hora que quiser, sem que haja consequências.

Entre nesse jogo consciente de que terá de se privar. Sabendo disso e se preparando para tanto, você não será impedido pela raiva ou pela frustração.

A desobediência a essas diretrizes levará infalivelmente ao progressivo aumento da gordura corporal! O padrão de alimentação do obeso é a negação de todas essas orientações!

CONCLUSÕES FINAIS

Esperamos que a leitura desse livro não tenha sido em vão. Como pôde ser visto, a obesidade é um assunto que vem preocupando os sistemas de saúde de toda a comunidade internacional, porque de uma forma ou de outra ela diz respeito a todos nós. No exato momento em que você está lendo essas linhas, pesquisas afins estão sendo conduzidas em vários laboratórios ao redor do mundo, enquanto mais e mais pessoas estão dando um passo a mais rumo ao sobrepeso.

Vimos ao longo desse livro como a obesidade, outrora um fator isolado em alguns indivíduos, alçou o *status* de epidemia, e como ela vem se alastrando entre nós numa velocidade cada vez mais rápida nas últimas décadas. Vimos também as principais causas e os fatores que contribuem para que o ser humano adquira gordura corporal. Fazer parte ou não dessas perigosas estatísticas é uma decisão que agora lhe pertence!

O principal conceito a ser aprendido é que, no caso da obesidade, não existe fatalidade. Não podemos alterar nosso código genético, mas todos nós temos uma escolha! Embora seja mais fácil prevenir do que remediar, todos podem alcançar o sucesso recuperando a boa forma e a saúde.

Agora é com você...

Conheça mais sobre o nosso catálogo em:
www.iconeeditora.com.br
(11) 3392-7771

Guia de alimentação e culinária vegetariana – alimentação light – 4ª edição

Rosângela de Castro Kupfer

208 páginas

Gerenciamento do estresse – técnicas eficazes do Oriente e do Ocidente

Fernando Fernandes

96 páginas

42,195 – A maratona de desafios que superei nos meus 42 anos e 195 dias de vida por meio da corrida!

Fauzer Simão Abrão Júnior

184 páginas

Este livro, composto nas tipologias Gill Sans e Caviar Dreams, foi impresso pela Intergraf para a Ícone Editora em julho de 2012